음악이 있는
# 팝송 영어 필사

**따라 쓰며 배우는 인생 팝송**
## 음악이 있는 팝송 영어 필사

1판 1쇄 발행 2023년 10월  1일
1판 1쇄 발행 2023년 10월 10일
—

기획 · 구성 펜앤페이퍼  감수 이지
—

펴낸이 김은중
편집 허선영  디자인 김순수
펴낸곳 가위바위보
출판 등록 2020년 11월 17일  제 2020-000316호
주소 서울시 마포구 월드컵북로400 5층 8호 (우편번호 03925)
전화 02-3153-1105  팩스 02-6008-5011
전자우편 gbbbooks@naver.com

네이버블로그 gbbbooks  인스타그램 gbbbooks  페이스북 gbbbooks
—

ISBN 979-11-92156-22-4  13740

가위바위보 출판사는 나답게 만드는 책, 그리고 다함께 즐기는 책을 만듭니다.

따라 쓰며 배우는
인생 팝송

음악이 있는
# 팝송 영어 필사

GBB

# 인생의 리듬도 배우고, 영어 공부도 하는
# 팝송 영어 필사

우리는 늘 노래를 부르고 들으며 삽니다. 그리고 모두에게는 아끼는 자신만의 노래 한 곡이 있을 겁니다. 좋은 노래는 세월이 흘러도 가사와 멜로디를 흥얼거리게 만들고, 각자가 보낸 계절, 시간, 사람이 추억처럼 들어 있습니다.

여러분 중에는 라디오에서 흘러나오는 팝송popular song의 가사를 따라 쓰며 외웠던 적이 있을 거예요. 또 수업이 지루해질 때면 영어 선생님이 소개한 팝송을 신나게 따라 부르며 영어 공부를 했던 추억도 있을 겁니다.

이 책에는 가사와 멜로디가 아름다우면서 포근하게 와 닿는 서정적인 팝송 40곡이 수록되어 있습니다. 주로 올드팝old pop입니다. 올드팝은 만들어진 지 10년 이상 된 곡들로 세월이 지나도 잊히지 않고 그때의 추억을 떠올리게 하는 음악입니다. 즉 오래된 명곡이지요. 특히 가사가 아름답기 때문에 미국의 싱어송라이터 밥 딜런Bob Dylan은 '대중음악 전통 안에서 시적 표현을 창조했다'는 평가를 받으며 노벨문학상을 수상하기도 했습니다.

명곡 팝송은 시적 표현, 아름다운 문장, 서정적인 멜로디로 삶의 지혜를 전해주고 세상을 바라보는 눈을 맑게 해줍니다. 그렇기에 팝송 가사 필사는 힐링의 시간뿐만 아니라 영어 표현을 익히는 데도 참 좋습니다.

한 편의 시와 같은 팝송을 따라 쓰며 기분 좋은 에너지를 충전하기를 바랍니다.

# 듣고, 쓰고, 부르며
# 팝송과 함께하는 시간

### 🔘 팝송 필사하며 가사 외우기
팝송을 따라 쓰며 외운 후 누군가에게 불러주며 사랑을 전하고 자신에게도 불러주세요. 고단한 마음을 토닥이는 시간이 될 거예요.

### 🔘 올드팝에 담긴 메시지 문장 찾기
올드팝에는 아티스트가 전하려는 메시지가 시적인 표현 속에 숨어 있어요. 시적이면서 함축적인 표현을 찾아 익혀보세요. 편지와 이메일, 문자 등을 보낼 때 활용해도 좋아요.

### 🔘 듣고, 쓰고, 부르며 하는 최고의 영어 공부
노래를 먼저 듣고 필사를 시작해도 좋고, 음악을 들으면서 필사해도 좋아요. 가사를 필사하면서 소리 내어 읽어보거나 불러보세요. 자연스럽게 듣기, 읽기, 쓰기 등 영어 능력도 키울 수 있어요.

### 🔘 영어 필기체 연습하기
팝송 가사를 영어 필기체로 써보며 익혀도 좋고 나만의 영어 서체로 써봐도 좋아요.

### 🔘 휴식할 때 들으면 좋은 플레이 리스트
산책, 가벼운 운동, 차 마실 때나 출퇴근할 때 팝송을 들어보세요.
QR 코드를 찍으면 이 책에 수록된 40곡을 한 번에 감상할 수 있어요.

### 🔘 내가 좋아하는 또 다른 팝송 가사 쓰기
내가 좋아하는 인생 팝송 가사를 써볼 수 있는 코너가 각 장의 마지막 페이지에 준비되어 있어요.

# ● Contents

**Chapter 1**

---

*Let It be*

# Let It Be

The Beatles

When I find myself in times of trouble
Mother Mary comes to me
Speaking words of wisdom
Let it be

And in my hour of darkness
She is standing right in front of me
Speaking words of wisdom
Let it be

Let it be, let it be
Let it be, let it be
Whisper words of wisdom
Let it be

And when the broken-hearted people
Living in the world agree
There will be an answer
Let it be

내가 고통 속에 있을 때
어머니 메리가 나에게 다가와
지혜로운 말씀을 해줘요
그냥 내버려 두렴

내가 어둠 속에 있을 때
어머니는 바로 내 앞에 서서
지혜로운 말씀을 해줘요
그냥 내버려 두렴

내버려 두렴, 내버려 두렴
내버려 두렴, 내버려 두렴
지혜로운 말씀을 해줘요
그냥 내버려 두렴

상처 난 마음을 가지고
세상에서 살아가는 사람들은 동의할 거예요
답이 있을 거라고
그냥 내버려 두세요

노래 듣기

Date _____ . _____ . _____ .

- find oneself in + 상황   (어떤) 상황을 깨닫다(예상하지 못한 상황에 부닥쳤음을 자신이
  제삼자의 입장에서 바라보면서 깨닫게 됐을 때 쓰는 표현)
- let it be   내버려 둔다(있는 그대로, 순리대로 받아들이라는 뜻)

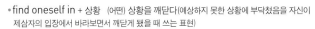

*For though they may be parted*

*There is still a chance that they will see*

*There will be an answer*

*Let it be*


*Let it be, let it be*

*Oh, let it be, let it be*

*Yeah, there will be an answer*

*Let it be*


*Let it be, let it be*

*Let it be, let it be*

*Whisper words of wisdom*

*Let it be*


*Let it be, let it be*

*Oh, let it be, yeah, let it be*

*Whisper words of wisdom*

*Let it be*

만약 그들이 서로 갈라진다 해도
다시 볼 기회가 있을 거예요
답이 있을 거라고
그냥 내버려 두세요

그냥 내버려 두세요, 그냥 내버려 두세요
오, 그냥 내버려 두세요, 그냥 내버려 두세요
네, 답이 있을 거예요
그냥 내버려 두세요

내버려 두렴, 내버려 두렴
내버려 두렴, 내버려 두렴
지혜로운 말씀을 해줘요
그냥 내버려 두렴

내버려 두렴, 내버려 두렴
오, 내버려 두렴, 내버려 두렴
지혜로운 말씀을 해줘요
그냥 내버려 두렴

And when the night is cloudy
There is still a light that shines on me
Shine on till tomorrow
Let it be

I wake up to the sound of music
Mother Mary comes to me
Speaking words of wisdom
Let it be

✲

『Yeah, let it be, let it be
Let it be, yeah, let it be
Oh, there will be an answer
Let it be』

✲ repeat

Let it be, let it be
Let it be, yeah, let it be
Whisper words of wisdom
Let it be

구름 낀 밤에도
여전히 나를 비추는 빛이 있어요
내일까지도 비출 거예요
그냥 내버려 두세요

내가 음악 소리에 잠이 깨자
어머니 메리가 내게 다가와
지혜로운 말씀을 해줘요
그냥 내버려 두렴

「네, 그냥 내버려 두세요, 그냥 내버려 두세요
그냥 내버려 두세요, 네, 그냥 내버려 두세요
오, 답이 있을 거예요
그냥 내버려 두세요」

* 반복

내버려 두렴, 내버려 두렴
내버려 두렴, 내버려 두렴
지혜로운 말씀을 해줘요
그냥 내버려 두렴

# The Sound of Silence

Simon & Garfunkel

Hello darkness, my old friend
I've come to talk with you again
Because a vision softly creeping
Left its seeds while I was sleeping
And a vision that was planted in my brain
Still remains
Within the sound of silence

In restless dreams I walked alone
Narrow streets of cobblestone
'Neath the halo of a street lamp
I turned my collar to the cold and damp
When my eyes were stabbed by the flash of a neon light
That split the night
And touched the sound of silence

안녕, 내 오랜 친구, 어둠아
너와 다시 이야기하려고 왔네
부드럽게 스며드는 환상이
내가 자는 동안 씨앗들을 남겼지
내 머릿속에 심어진 환상은
여전히 남아 있다네
침묵의 소리 안에서

불안한 꿈속에서 나는 혼자 걸었네
좁은 자갈길을
가로등 불빛 아래서
추위와 습기 때문에 옷깃을 세웠지
내 눈을 찌르는 네온 불빛의 번쩍임은
밤을 가르고
침묵의 소리를 만졌네

Date _____ . _____ . _____ .

And in the naked light I saw

Ten thousand people, maybe more

People talking without speaking

People hearing without listening

People writing songs that voices never share

And no one dared

Disturb the sound of silence


"Fools", said I, "You do not know

Silence like a cancer grows

Hear my words that I might teach you

Take my arms that I might reach you"

But my words like silent raindrops fell

And echoed

In the wells of silence

적나라한 불빛 속에서 나는 봤네
만 명, 아마 그 이상의 사람들
소리 내지 않고 말하는 사람들을
귀 기울이지 않고 듣는 사람들을
부르지 않을 노래를 만드는 사람들을
그리고 누구도 감히 방해하지 못했다네
침묵의 소리를

"바보들" 내가 말했지, "당신들은 몰라
암처럼 자라고 있는 침묵을
내가 가르치는 말들을 잘 들어
내가 내미는 팔들을 꼭 잡아"
하지만 내 말은 소리 없는 빗방울처럼 떨어지고
메아리쳤어
침묵의 우물 속에서

• hearing without listening 귀 기울이지 않고 듣는
   hear 듣다(귀 기울여 듣는 게 아니라 자연스럽게 듣게 되는 경우에 쓰는 표현)
   listen 귀 기울이다(집중해서 듣는 경우에 쓰는 표현)

*And the people bowed and prayed*

*To the neon god they made*

*And the sign flashed out its warning*

*In the words that it was forming*

*And the sign said, the words of the prophets*

*Are written on the subway walls*

*And tenement halls*

*And whispered in the sounds of silence*

사람들은 절하고 기도했네
그들이 만든 네온의 신에게
그리고 경고의 불빛은 깜박거렸어
그 빛이 만드는 말 속에서
그리고 그 네온사인은 말했네, 예언자들의 말들은
적혀있다고 지하철 벽들과
아파트의 긴 복도들에
그리고 침묵의 소리 속에서 속삭였다네

# Perhaps Love

Plácido Domingo & John Denver

Perhaps love is like a resting place
A shelter from the storm
It exists to give you comfort
It is there to keep you warm
And in those times of trouble
When you are most alone
The memory of love will bring you home

Perhaps love is like a window
Perhaps an open door
It invites you to come closer
It wants to show you more
And even if you lose yourself
And don't know what to do
The memory of love will see you through

아마도 사랑은 휴식처와 같아요
폭풍우로부터 보호해주는
사랑은 당신에게 위안을 주기 위해 존재해요
당신을 따뜻하게 지켜주기 위해 있죠
그리고 힘든 시간 속에서
당신이 가장 외로울 때
사랑의 추억은 당신을 편안하게 해줄 거예요

아마도 사랑은 창문 같아요
아마도 사랑은 열린 문 같아요
사랑은 당신이 더 가까이 오게 하죠
사랑은 당신에게 더 많은 것을 보여주고 싶어 해요
그리고 당신이 길을 잃고
무엇을 해야 할지 모르더라도
사랑의 추억은 당신을 도와줄 거예요

Date _____ . _____ . _____ .

*Oh, love to some is like cloud*

*To some as strong as steel*

*For some a way of living*

*For some a way to feel*


✲

『*And some say love is holding on*

*And some say letting go*

*And some say love is everything*

*Some say they don't know*


*Perhaps love is like the ocean*

*Full of conflict, full of pain*

*Like a fire when it's cold outside*

*Thunder when it rains*

*If I should live forever*

*And all my dreams come true*

*My memories of love will be of you*』


✲ repeat

오, 어떤 이들에게는 사랑은 구름과 같고
어떤 이들에겐 강철처럼 강하며
어떤 이들에겐 살아가는 방법이고
어떤 이들에겐 감정을 느끼는 길이에요

「그리고 어떤 이들은 사랑은 놓지 않는 거라 말하고
어떤 이들은 사랑은 놓아주는 거라 하고
어떤 이들은 사랑은 모든 거라 말하고
어떤 이들은 사랑은 알 수 없는 거라고 하죠

아마도 사랑은 바다와 같아요
갈등과 고통으로 가득 차 있는
밖이 추울 때는 불과 같은
비가 올 때는 천둥과 같은
내가 만약 영원히 살아서
내 모든 꿈이 이루어진다면
내 사랑의 추억은 당신일 거예요」

* 반복

# Blowin' in the Wind

Bob Dylan

How many roads must a man walk down
Before you call him a man?
How many seas must a white dove sail
Before she sleeps in the sand?
Yes, 'n how many times must the cannon balls fly
Before they're forever banned?

The answer, my friend, is blowin' in the wind
The answer is blowin' in the wind

Yes, 'n how many years can a mountain exist
Before it's washed to the sea?
Yes, 'n how many years can some people exist
Before they're allowed to be free?

사람은 얼마나 많은 길을 걸어야 할까요
당신이 그 사람을 어른이라고 부르기 전에?
흰 비둘기는 얼마나 많은 바다 위를 날아야 할까요
그 비둘기가 백사장에 잠들기 전에?
그래요, 그리고 포탄이 얼마나 많이 쏘아져야 할까요
포탄이 영원히 금지되기 전에?

그 답은, 친구여, 바람 속에서 불고 있어요
그 답은 바람 속에서 불고 있어요

네, 그리고 산은 얼마나 많은 시간이 있어야 할까요
산이 바다로 씻겨 내려가기 전에?
네, 그리고 어떤 사람들은 얼마나 많은 세월을 견뎌야 할까요
그들에게 자유가 허락되기 전에?

Date _____ . _____ . _____ .

• 'n은 and(그리고), blowin'은 blowing(불다)을 뜻함(가사나 문자 등 구어체나 대화에
  많이 쓰는 축약 표현의 하나)

Yes, 'n how many times can a man turn his head
And pretends that he just doesn't see?

The answer, my friend, is blowin' in the wind
The answer is blowin' in the wind

Yes, 'n how many times must a man look up
Before he can see the sky?
Yes, 'n how many ears must one man have
Before he can hear people cry?
Yes, 'n how many deaths will it take till he knows
That too many people have died?

The answer, my friend, is blowin' in the wind
The answer is blowin' in the wind

네, 그리고 사람은 얼마나 많이 고개를 돌리고
아무것도 보지 못한 척해야 하나요?

그 답은, 친구여, 바람 속에서 불고 있어요
그 답은 바람 속에서 불고 있어요

네, 그리고 사람은 얼마나 많이 올려다봐야 할까요
그가 하늘을 보기 전에?
네, 그리고 사람은 얼마나 많은 귀를 가져야 하나요
그가 사람들이 우는 것을 듣기 전에?
네, 그리고 그 사람이 알기까지 얼마나 많은 사람이 죽어야 하나요
너무 많은 사람이 죽었다는 걸?

그 답은, 친구여, 바람 속에서 불고 있어요
그 답은 바람 속에서 불고 있어요

28

# The Rose

Bette Midler

Some say love, it is a river
That drowns the tender reed
Some say love, it is a razor
That leaves your soul to bleed
Some say love, it is a hunger
An endless, aching need
I say love, it is a flower
And you, its only seed

It's the heart, afraid of breaking
That never learns to dance
It's the dream, afraid of waking
That never takes the chance
It's the one who won't be taken
Who cannot seem to give
And the soul, afraid of dying
That never learns to live

어떤 사람들은 사랑은 강이라고 말해요
연약한 갈대를 삼켜버리는
어떤 사람들은 사랑은 면도칼이라고 하죠
당신의 영혼을 피 흘리게 만드는
어떤 사람들은 사랑은 굶주림이라고 해요
끝없이 갈망하는 욕망 같은
나는 사랑은 꽃이라고 말하겠어요
그리고 당신은 그 꽃의 하나밖에 없는 씨앗이에요

깨지는 걸 두려워하는 마음은
결코 춤추는 걸 배울 수 없어요
깨어나는 걸 두려워하는 꿈은
결코 기회를 잡을 수 없어요
받으려 하지 않는 사람은
줄 수 없는 것 같아요
그리고 죽는 걸 두려워하는 영혼은
결코 사는 법을 배우지 못해요

Date _____ . _____ . _____ .

When the night has been too lonely

And the road has been too long

And you think that love is only

For the lucky and the strong

Just remember in the winter

Far beneath the bitter snows

Lies the seed that with the sun's love

In the spring becomes the rose

밤이 너무 외로울 때
가야 할 길이 너무 긴 것 같을 때
이런 생각이 들 때, 사랑이란 단지
운이 좋고 강한 사람들만을 위한 거라고
꼭 기억하세요, 겨울에는
혹한의 눈 속에
씨앗이 묻혀 있다는 걸요, 그리고 태양의 사랑으로
봄에는 그 씨앗이 장미가 될 거예요

• Far beneath the bitter snows lies the seed ~   혹한의 눈 속에 씨앗이 묻혀 있다
(장소 등을 강조하고 싶을 때 문장 맨 앞에 씀. 강조의 표시로 주어와 동사의 위치를 바꿈)

# Take Me Home, Country Roads

John Denver

Almost heaven, West Virginia

Blue Ridge Mountains, Shenandoah River

Life is old there, older than the trees

Younger than the mountains, growing like a breeze

＊

『Country roads, take me home

To the place I belong

West Virginia, mountain mama

Take me home, country roads』

천국과 같은 곳, 웨스트버지니아
블루리지산맥, 세넌도어강
그곳의 삶은 나무보다 오래되었어요
산들보다 젊고 산들바람처럼 자라난 곳이죠

「시골길이여, 나를 집으로 데려다주오
내가 있어야 할 그곳으로요
웨스트버지니아의 산신령이시어
시골길이여, 나를 집으로 데려다주오」

노래 듣기

Date _____ . _____ . _____ .

*All my memories, gather 'round her*
*Miner's lady, stranger to blue water*
*Dark and dusty, painted on the sky*
*Misty taste of moonshine, teardrop in my eye*

✳ repeat

*I hear her voice in the morning hour, she calls me*
*The radio reminds me of my home, far away*
*Driving down the road, I get a feeling*
*That I should have been home yesterday, yesterday*

✳ repeat x 2

*Take me home (Down country roads)*
*Take me home (Down country roads)*

나의 모든 추억은 그녀에 대한 것뿐이에요
광부의 아내인 그녀는 바다를 본 적이 없어요
어둡고 회색으로 그려진 하늘은
밀주의 맛을 생각나게 해 눈물이 나네요

* 반복

아침에 날 깨우는 그녀의 목소리가 들려요
라디오를 들으니 멀리 있는 집 생각이 나요
운전하면서 이런 생각이 문득 들었어요
옛날에, 집에 갔어야 했다고요

* 반복 x 2

나를 집으로 데려다주오 (시골길이여)
나를 집으로 데려다주오 (시골길이여)

• I should have been home yesterday  옛날에, 집에 갔어야 했다(과거에 하지 않았던
  행동에 대한 후회를 암시하는 표현)

# Dust in the Wind

Kansas

*I close my eyes*
*Only for a moment*
*And the moment's gone*
*All my dreams*
*Pass before my eyes*
*A curiosity*

*Dust in the wind*
*All they are is dust in the wind*

*Same old song*
*Just a drop of water in an endless sea*
*All we do*
*Crumbles to the ground*
*Though we refuse to see*

*(Ah, ah, ah) Dust in the wind*
*All we are is dust in the wind*
*Oh, oh, oh*

나는 눈을 감아요
잠시 동안만
그리고 그 순간은 사라져요
내 모든 꿈은
내 눈앞에서 지나가요
호기심처럼요

바람에 날리는 먼지처럼
내 모든 꿈은 바람에 날리는 먼지예요

오래된 노래처럼
드넓은 바닷속 단 한 방울의 물처럼
우리가 하는 모든 것은
땅의 먼지로 사라져요
우리가 보려 하지 않으려 해도요

(아, 아, 아) 바람에 날리는 먼지처럼
우리는 모두 바람에 날리는 먼지일 뿐이예요
오, 오, 오

Date _____ . _____ . _____ .

*Now, don't hang on*

*Nothing lasts forever*

*But the earth and sky*

*It slips away*

*And all your money won't another minute buy*


*Dust in the wind*

*All we are is dust in the wind*

*(All we are is dust in the wind)*


*Dust in the wind*

*(Everything is dust in the wind)*

*Everything is dust in the wind*

*The wind*


이제, 매달리지 마세요
아무것도 영원하지 않아요
땅과 하늘을 제외하고
모두 떠나버리죠
그리고 당신이 가진 모든 돈으로는 단 1분도 살 수 없어요

바람에 날리는 먼지처럼
우리는 모두 바람에 날리는 먼지일 뿐이에요
(우리는 모두 바람에 날리는 먼지일 뿐이에요)

바람에 날리는 먼지처럼
(모든 것은 바람에 날리는 먼지일 뿐이에요)
모든 것은 바람에 날리는 먼지일 뿐이에요
바람에

# Making Love Out of Nothing At All    Air Supply

*I know just how to whisper*

*And I know just how to cry*

*I know just where to find the answers*

*And I know just how to lie*

*I know just how to fake it*

*And I know just how to scheme*

*I know just when to face the truth*

*And then I know just when to dream*


*And I know just where to touch you*

*And I know just what to prove*

*I know when to pull you closer*

*And I know when to let you loose*


나는 정확히 어떻게 속삭여야 할지 알아요
그리고 나는 정확히 어떻게 울어야 할지 알아요
나는 정확히 어디에서 해답을 찾아야 할지 알아요
그리고 나는 정확히 어떻게 거짓말을 해야 할지 알아요
나는 정확히 어떻게 속임수를 써야 할지 알아요
그리고 나는 정확히 어떻게 계략을 짜야 할지 알아요
나는 정확히 언제 진실을 대면할지 알아요
그러고 나서 나는 정확히 언제 꿈을 꿔야 할지 알아요

그리고 나는 정확히 당신 어디를 만져야 할지 알아요
그리고 나는 정확히 무엇을 증명할지 알아요
나는 당신을 언제 가까이 끌어당겨야 할지 알아요
그리고 나는 언제 당신을 놓아줘야 하는지도 알아요

Date _____ . _____ . _____ .

*And I know the night is fading*

*And I know the time's gonna fly*

*And I'm never gonna tell you everything I gotta tell you*

*But I know I gotta give it a try*


*And I know the roads to riches*

*And I know the ways to fame*

*I know all the rules and then I know how to break'em*

*And I always know the name of the game*

*But I don't know how to leave you*

*And I'll never let you fall*

*And I don't know how you do it*

*Making love out of nothing at all*


*

『*(Making love) Out of nothing at all*』

* repeat x 5

그리고 나는 밤이 저물어가는 것도 알아요
그리고 나는 시간이 빨리 지나갈 거라는 것도 알죠
그리고 나는 당신에게 말해야 할 모든 것을 절대
말하지 않을 거예요
하지만 나는 내가 시도해봐야 하는 것도 알아요

그리고 나는 부자가 되는 길도 알아요
그리고 나는 명성을 얻는 방법도 알죠
나는 모든 규칙을 알고 어떻게 깨는지도 알죠
그리고 나는 항상 무엇이 가장 중요한지도 알아요
하지만 나는 당신을 어떻게 떠나야 하는지는 몰라요
그리고 나는 절대로 당신을 넘어지게 하지 않을 거예요
그리고 나는 당신이 어떻게 할지는 모르겠어요
아무것도 아닌 걸로 사랑을 만들어내는 걸요

「아무것도 아닌 걸로 사랑을 만들어내는 걸요」

* 반복 x 5

• I'll never let you fall  나는 절대로 당신을 넘어지게 하지 않겠다(좌절하게 만들지 않겠다는 뜻)

Everytime I see you, all the rays of the sun are all
Streaming through the waves in your hair
And every star in the sky is taking aim at your eyes
Like a spotlight
The beating of my heart is a drum and it's lost
And it's looking for a rhythm like you
You can take the darkness from the pit of the night
And turn it to a beacon burning endlessly bright
I've gotta follow it 'cause everything I know
Well, it's nothing till I give it to you

당신을 볼 때마다 태양의 모든 빛줄기는 모두
당신 머릿결의 움직임에 따라 흐르고 있고
하늘의 모든 별빛은 당신의 눈을 향하고 있어요
스포트라이트처럼
내 심장 박동은 드럼인데 길을 잃었고
당신 같은 리듬을 찾고 있어요
당신은 한밤중의 어둠을 가져가서
영원히 빛나는 햇불로 바꿀 수 있어요
나는 그 햇불을 따라가야만 해요, 왜냐하면 내가 아는 모든 것은
그래요, 내가 당신에게 줄 때까지 아무것도 아니기 때문이죠

I can make the runner stumble

I can make the final block

And I can make every tackle at the sound of the whistle

I can make all the stadiums rock

I can make tonight forever

Or I can make it disappear by the dawn

And I can make you every promise that has ever been made

And I can make all your demons be gone

But I'm never gonna make it without you

Do you really wanna see me crawl?

And I'm never gonna make it like you do

Making love out of nothing at all

✳ repeat x 18

나는 달리는 사람을 쓰러트릴 수 있어요
나는 마지막 방어를 할 수도 있어요
그리고 나는 호루라기 소리에 가능한 모든 태클을 할 수도 있어요
나는 모든 경기장이 열광하게 할 수 있어요
나는 오늘 밤을 영원하게 만들 수 있어요
아니면 새벽까지 밤을 사라지게 할 수도 있어요
그리고 나는 지금까지 만들어진 모든 약속을 당신에게 할 수 있어요
그리고 나는 당신을 괴롭히는 모든 악마를 없앨 수도 있어요

하지만 나는 절대 당신 없이는 할 수 없어요
당신은 내가 애원하는 걸 정말 보고 싶나요?
그리고 나는 당신이 하는 것처럼 절대 할 수 없어요
아무것도 아닌 걸로 사랑을 만들어내는 걸요

* 반복 x 18

**My favorite pop song**

좋아하는 팝송 가사를 써보세요.

# Chapter 2

*Endless
Love*

# Endless Love

Lionel Richie & Diana Ross

*My love*

*There's only you in my life*

*The only thing that's bright*

*My first love*

*You're every breath that I take*

*You're every step I make*

*And I, I want to share all my love with you*

*No one else will do*

*And your eyes*

*Your eyes, your eyes*

*They tell me how much you care*

*Oh, yes, you will always be*

*My endless love*

내 사랑
내 삶에는 오직 당신뿐이에요
하나밖에 없는 밝은 거죠

내 첫사랑
당신은 내가 숨 쉬는 모든 숨이에요
당신은 내가 걷는 모든 걸음이에요

그리고 난, 난 당신과 함께 내 모든 사랑을 나누고 싶어요
다른 누구도 충분하지 않아요
그리고 당신의 눈
당신의 눈, 당신의 눈
당신의 눈은 내게 당신이 얼마나 아끼는지 말해줘요
오, 그래요, 당신은 언제나
나의 영원한 사랑이 될 거에요

*Two hearts*

*Two hearts that beat as one*

*Our lives have just begun*

*Forever*

*I'll hold you close in my arms*

*I can't resist your charms*

*And, love*

*Oh, love*

*I'll be a fool for you*

*I'm sure you know I don't mind*

*Oh, you know I don't mind*

*'Cause you, you mean the world to me*

*Oh, I know*

*I know*

*I've found in you*

*My endless love*

두 개의 심장
두 개의 심장이 하나로 뛰어요
우리의 삶은 막 시작되었어요

영원히
나는 당신을 내 품에 꼭 안아줄게요
난 당신의 매력을 거부할 수 없어요

그리고, 내 사랑
오, 내 사랑
나는 당신을 위해 바보가 될 거예요
내가 기꺼이 그럴 거라는 걸 당신이 안다고 확신해요
오, 당신은 내가 기꺼이 그럴 거라는 걸 알아요
왜냐하면 당신은 내게 세상과 같아요
오, 난 알아요
난 알아요
내가 당신에게서 발견했다는 걸
내 영원한 사랑을

*Oh, and love*

*Oh, love*

*I'll be that fool for you*

*I'm sure you know I don't mind*

*Oh, you know I don't mind*

*And I don't mind*

*And, yes*

*You'll be the only one*

*'Cause no one can deny*

*This love I have inside*

*And I'll give it all to you*

*My love*

*My love, my love*

*My endless love*

그리고, 내 사랑
오, 내 사랑
나는 당신을 위해 바보가 될 거예요
내가 기꺼이 그럴 거라는 걸 당신이 안다고 확신해요
오, 당신은 내가 기꺼이 그럴 거라는 걸 알아요
그리고 난 기꺼이 그럴 거예요
그래요
당신은 내 유일한 사람이 될 거예요
왜냐하면 아무도 부인할 수 없기 때문이죠
내 안에 가진 이 사랑을
그리고 나는 당신에게 모든 사랑을 줄 거예요
내 사랑
내 사랑, 내 사랑
나의 영원한 사랑이여

# Evergreen

## Susan Jacks

Sometimes love will bloom in the spring time
Then like flowers in summer it will grow
And then fade away in the winter
When the cold winds begin to blow

But when it's evergreen, evergreen
It will last through the summer and winter too
When love is evergreen, evergreen
Like my love for you

때때로 사랑은 봄날에 피어날 거예요
그러면 여름의 꽃들처럼 사랑은 자랄 거예요
그리고 나서 겨울에는 시들어버릴 거예요
차가운 바람이 불기 시작할 때

하지만 늘 푸르다면, 늘 푸르다면
사랑은 여름과 겨울 동안 내내 살아 있을 거예요
사랑이 늘 푸르다면, 늘 푸르다면
당신에 대한 내 사랑처럼

노래 듣기

*So hold my hand and tell me*
*You'll be mine through laughter or through tears*
*Then let the whole world see, our love will be*
*Evergreen through all the years*

*For when it's evergreen, evergreen*
*It will last through the summer and winter too*
*When love is evergreen, evergreen*
*Like my love for you*

그러니 내 손을 잡고 말해주세요
당신은 웃을 때나 울 때도 나의 것이 되어주겠다고요
그리고 나서 온 세상이 볼 수 있게 해요, 우리의 사랑은
세월이 흘러도 늘 푸를 거라고요

늘 푸르다면, 늘 푸르다면
사랑은 여름과 겨울 동안 내내 살아 있을 거예요
사랑이 늘 푸르다면, 늘 푸르다면
당신에 대한 내 사랑처럼

# I Just Called To Say I Love You

Stevie Wonder

*No New Year's Day to celebrate*

*No chocolate covered candy hearts to give away*

*No first of spring, no song to sing*

*In fact, here's just another ordinary day*


*No April rain, no flowers bloom*

*No wedding Saturday within' the month of June*

*But what it is, is something true*

*Made up of these three words that I must say to you*

축하해야 하는 새해 첫날도 아니고
하트 모양의 초콜릿 사탕을 주려는 것도 아니에요
봄의 시작도 아니고, 불러줄 노래가 있는 것도 아니에요
사실 지극히 평범한 어느 하루일 뿐이죠

봄비가 내리는 4월도 아니고, 꽃이 피는 것도 아니에요
결혼식이 있는 6월의 토요일도 아니죠
하지만 이건 진실이에요
당신에게 꼭 전해야 할 말은 세 단어로 이뤄져 있어요

노래 듣기

*

『*I just called to say, "I love you"*
*I just called to say, "how much I care"*
*I just called to say, "I love you"*
*And I mean it from the bottom of my heart*』

*No summer's high, no warm July*
*No harvest moon to light one tender August night*
*No autumn breeze, no falling leaves*
*Not even time for birds to fly to southern skies*

*No Libra sun, no Halloween*
*No giving thanks to all the Christmas joy you bring*
*But what it is, though old, so new*
*To fill your heart like no three words could ever do*

* repeat x 2

*Of my heart, Of my heart*

「그냥 내가 당신을 사랑한다고 말하려고 전화했어요
그냥 내가 얼마나 당신을 아끼는지 말하려고 전화했어요
그냥 당신을 사랑한다고 말하려고 전화했어요
그리고 그건 내 마음 깊은 곳에서 우러나온 거예요」

한여름도 아니고 따뜻한 7월도 아니에요
부드러운 8월의 밤을 비추는 한가위 보름달이 뜬 것도 아니에요
산들바람이 부는 가을도 아니고, 잎이 떨어지는 것도 아니에요
새들이 남쪽 하늘로 날아가는 때는 더욱 아니죠

천칭자리 때의 태양도 아니고, 핼러윈 날도 아니고
크리스마스 날 당신이 주는 기쁨에 감사하려는 것도 아니에요
하지만 이건 진부하지만 아주 새로운 거예요
다른 어떤 세 마디보다 당신 마음을 채울 만한 말이에요

* 반복 x 2

내 마음의, 내 마음의

# Right Here Waiting

## Richard Marx

*Oceans apart, day after day*

*And I slowly go insane*

*I hear your voice on the line*

*But it doesn't stop the pain*

*If I see you next to never*

*Then how can we say forever?*

✳

『*Wherever you go, whatever you do*

*I will be right here waiting for you*

*Whatever it takes or how my heart breaks*

*I will be right here waiting for you*』

바다 건너에서, 날마다
난 서서히 미쳐가요
나는 전화로 당신의 목소리를 듣지만
그건 고통을 멈추게 하지 못하네요

내가 당신을 자주 볼 수 없다면
어떻게 우리가 영원하다고 말할 수 있나요?

「당신이 어디에 가든, 당신이 무엇을 하든
나는 당신을 기다리면서 바로 여기에 있을게요
무슨 일이 있어도 아니 내 마음이 찢어져도
나는 당신을 기다리면서 바로 여기에 있을게요」

노래 듣기

I took for granted, all the times
That I thought would last somehow
I hear the laughter, I taste the tears
But I can't get near you now

Oh, can't you see it, baby
You've got me going crazy

\* repeat

I wonder how we can survive
This romance
But in the end, if I'm with you
I'll take the chance

Oh, can't you see it, baby
You've got me going crazy

\* repeat

Waiting for you

난 늘 당연하게 여겼어요
왠지 영원할 거라고
내가 당신의 웃음소리를 듣고, 당신의 눈물을 맛보는 것이
하지만 나는 지금 당신 가까이 갈 수 없어요

오, 볼 수 없나요, 그대여
당신이 나를 미치게 만든다는 걸

\* 반복

난 어떻게 우리가 헤쳐 나갈지 궁금해요
이 사랑을
하지만 결국에, 내가 당신과 함께한다면
난 도전할 거예요

오, 볼 수 없나요, 그대여
당신이 나를 미치게 만든다는 걸

\* 반복

당신을 기다리면서

• take someone for granted  당연하게 여기다(사람이 하는 행동이나 말 등에 익숙해져 상대의
   호의에 고마운 줄 모르고 당연시했던 것을 후회하는 표현)

# Longer

Dan Fogelberg

Longer than there've been fishes in the ocean

Higher than any bird ever flew

Longer than there've been stars up in the heavens

I've been in love with you


Stronger than any mountain cathedral

Truer than any tree ever grew

Deeper than any forest primeval

I am in love with you


I'll bring fire in the winters

You'll send showers in the springs

We'll fly through the falls and summers

With love on our wings

바다에 물고기들이 살았던 것보다 더 오래
어떤 새가 날았던 것보다 더 높이
하늘에 별들이 있었던 것보다 더 오래
난 당신을 사랑해왔어요

성당처럼 웅장한 어떤 산보다 더 강하게
자라는 어떤 나무보다 더 곧게
태고 때 생긴 어떤 숲보다도 더 깊게
난 당신을 사랑해요

겨울에는 내가 불을 가져다줄게요
봄에는 당신이 비를 보내주겠죠
우리는 가을과 여름 내내 날아다닐 거예요
우리의 날개에 사랑을 싣고

• I am in love with you  난 당신을 사랑해요(모든 것을 함께하고 싶은 단 한 사람에게 하는 표현)

*Through the years as the fire starts to mellow*

*Burning lines in the book of our lives*

*Though the binding cracks*

*And the pages start to yellow*

*I'll be in love with you*

*I'll be in love with you*


*Longer than there've been fishes in the ocean*

*Higher than any bird ever flew*

*Longer than there've been stars up in the heavens*

*I've been in love with you*

*I am in love with you*


세월이 흐르면서 불꽃이 잦아들고
우리 인생의 책 속 이야기가 사라지고
비록 책이 뜯어지고
종이가 노랗게 바랠지라도
난 당신을 영원히 사랑할 거예요
난 당신을 영원히 사랑할 거예요

바다에 물고기들이 살았던 것보다 더 오래
어떤 새가 날았던 것보다 더 높이
하늘에 별들이 있었던 것보다 더 오래
난 당신을 사랑해왔어요
난 당신을 사랑해요

# A Lover's Concerto

## Sarah Vaughan

*How gentle is the rain*

*That falls softly on the meadow*

*Birds, high up on the trees*

*Serenade the flowers with their melodies, oh, whoa, oh*


*See there beyond the hill*

*The bright colors of the rainbow*

*Some magic from above*

*Made this day for us just to fall in love*


*Now I belong to you*

*From this day until forever*

*Just love me tenderly*

*And I'll give to you every part of me, oh, whoa, oh*

얼마나 포근한 비인가요
초원에 부드럽게 떨어지는
나무 높이 있는 새들이
꽃들에게 노래를 불러주네요, 오

저기 언덕 너머를 보세요
선명한 빛깔의 무지개를
하늘에서 온 어떤 마법이
우리가 사랑에 빠지게 했어요

이제 난 당신 거예요
오늘부터 영원히요
그저 날 부드럽게 사랑해주세요
그러면 내 모든 걸 드릴게요, 오

Don't ever make me cry
Through long lonely nights without love
Be always true to me
Keep this day in your heart eternally

Someday we shall return
To this place upon the meadow
We'll walk out in the rain
Hear the birds above
Singing once again, oh, whoa, oh

You'll hold me in your arms
And say once again you love me
And if your love is true
Everything will be just as wonderful

You'll hold me in your arms
And say once again you love me
And if your love is true
Everything will be just as wonderful

날 한 번이라도 울게 하지 마세요
사랑 없는 길고 외로운 밤 속에서
항상 나를 진실하게 대해주세요
이날을 마음속에 영원히 간직해주세요

언젠가 우리는 돌아올 거예요
초원 위 이 장소로
우리는 빗속을 거닐 거예요
들을 거예요, 위에 있는 새들이
다시 한번 노래하는 걸, 오

당신은 나를 품에 안고서
말할 거예요, 다시 한번, 날 사랑한다고
당신의 사랑이 진실하다면
모든 것은 지금처럼 멋질 거예요

당신은 나를 품에 안고서
말할 거예요, 다시 한번, 날 사랑한다고
당신의 사랑이 진실하다면
모든 것은 지금처럼 멋질 거예요

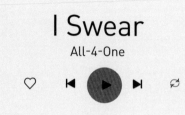

# I Swear

### All-4-One

*I swear*

*By the moon and the stars in the skies*

*And I swear*

*Like the shadow that's by your side*


*I see the questions in your eyes*

*I know what's weighing on your mind*

*You can be sure I know my part*

*'Cause I stand beside you through the years*

*You'll only cry those happy tears*

*And though I make mistakes, I'll never break your heart*


난 맹세해요
하늘에 있는 달과 별들에게
그리고 난 맹세해요
당신 곁에 있는 그림자처럼요

당신 눈 속에 있는 질문들이 보여요
무엇이 당신 마음을 무겁게 하는지 알아요
당신은 내가 내 역할을 안다는 걸 확신해도 돼요
왜냐하면 나는 언제나 당신 곁에 있을 거니까요
당신은 행복한 눈물만 흘릴 거예요
내가 비록 실수는 하겠지만 난 결코 당신 마음을 아프게 하지 않을 거예요

노래 듣기

*And I swear*

*By the moon and the stars in the skies*

*I'll be there*

*I swear*

*Like the shadow that's by your side*

*I'll be there*


*For better or worse*

*Till death do us part*

*I'll love you with every beat of my heart*

*And I swear*

그리고 난 맹세해요
하늘에 있는 달과 별들에게
나는 곁에 있을 거예요
난 맹세해요
당신 곁에 있는 그림자처럼요
난 곁에 있을 거예요

기쁠 때나 슬플 때나
죽음이 우리를 갈라놓을 때까지
난 온 마음을 다해 당신을 사랑할 거예요
그리고 난 맹세해요

• for better or worse, till death do us part  기쁠 때나 슬플 때나, 죽음이 우리를 갈라놓을 때까지
(전통적인 결혼 서약서에 나오는 표현)

*I'll give you everything I can*

*I'll build your dreams with these two hands*

*We'll hang some memories on the walls*

*And when*

*And when*

*Just the two of us are there*

*You won't have to ask if I still care*

*'Cause as the time turns the page, my love won't age at all*

*And*

⁎

『*I swear*

*I swear*

*By the moon and the stars in the skies*

*I'll be there*

*I'll be there*

*I swear*

*Like the shadow that's by your side*

*I'll be there*

*I'll be there*』

내가 줄 수 있는 모든 걸 당신에게 줄게요
이 두 손으로 당신의 꿈을 이뤄줄게요
벽에 우리의 추억을 걸어놓을 거예요
그리고 그때
그리고 그때
우리 둘만 거기에 있을 때
내가 당신을 여전히 사랑하는지 물어볼 필요 없어요
왜냐하면 시간이 지나도 내 사랑은 절대 옅어지지 않을 거예요
그리고

「난 맹세해요
난 맹세해요
하늘에 있는 달과 별들에게
난 곁에 있을 거예요
난 곁에 있을 거예요
난 맹세해요
당신 곁에 있는 그림자처럼요
난 곁에 있을 거예요
난 곁에 있을 거예요」

*For better or worse*

*Till death do us part*

*I'll love you with every beat of my heart*

*Beat of my heart*

*And I swear*

\* repeat

*For better or worse*

*Better or worse*

*Till death do us part*

*Oh no*

*I'll love you with every beat of my heart*

*Every single beat of my heart*

*I swear*

*I swear*

*I swear*

*Oh, I swear*

기쁠 때나 슬플 때나
죽음이 우리를 갈라놓을 때까지
온 마음을 다해 당신을 사랑할 거예요
온 마음을 다해
그리고 난 맹세해요

* 반복

기쁠 때나 슬플 때나
기쁠 때나 슬플 때나
죽음이 우리를 갈라놓을 때까지
오
온 마음을 다해 당신을 사랑할 거예요
온 마음을 다해
난 맹세해요
난 맹세해요
난 맹세해요
오, 난 맹세해요

# One Summer Night

## Chelsia Chan & Kenny Bee

『*One summer night, the stars were shining bright*
*One summer dream made for fancy whims*
*That summer night, my whole world tumbled down*
*I could have died if not for you*

*Each night I pray for you*
*My heart would cry for you*
*The sun won't shine again*
*Since you have gone*

*Each time I think of you*
*My heart would beat for you*
*You are the one for me*』

「어느 여름밤, 별들은 밝게 빛나고 있었어요
한여름 밤의 꿈은 복잡한 기분으로 이끌었죠
그 여름밤, 내 모든 세상이 무너졌어요
당신이 아니었다면 난 죽었을 거예요

매일 밤 난 당신을 위해 기도해요
내 심장은 당신을 위해 울겠죠
태양은 다시 빛나지 않을 거예요
당신이 사라진 이후로

내가 당신을 생각할 때마다
내 심장은 당신을 위해 울겠죠
당신은 나에게 운명이에요」

• **You are the one for me**  당신은 나에게 운명이다(세상에 둘도 없는 운명의 상대를 뜻하는 표현)

Set me free like sparrows up the tree
Give a sign so I would ease my mind
Just say a word
And I'll come running wild
Give me a chance to live again

Each night I pray for you
My heart would cry for you
The sun won't shine again
Since you have gone

Each time I think of you
My heart would beat for you
You are the one for me

\* repeat

나무 위 참새들처럼 나를 자유롭게 해주세요
내 마음이 편해지도록 표시를 주세요
한 마디만 해주세요
그러면 나는 거침없이 달려올 거예요
내게 다시 살 기회를 주세요

매일 밤 난 당신을 위해 기도해요
내 심장은 당신을 위해 울겠죠
태양은 다시 빛나지 않을 거예요
당신이 사라진 이후로

내가 당신을 생각할 때마다
내 심장은 당신을 위해 울겠죠
당신은 나에게 운명이에요

\* 반복

 좋아하는 팝송 가사를 써보세요.

# Chapter 3

## Forever

# Forever

Stratovarius

*I stand alone in the darkness*
*The winter of my life came so fast*
*Memories go back to childhood*
*To days I still recall*

*Oh, how happy I was then*
*There was no sorrow, there was no pain*
*Walking through the green fields*
*Sunshine in my eyes*

난 혼자 어둠 속에 서 있어요
내 인생의 겨울은 너무나도 빨리 왔어요
추억은 어린 시절로 되돌아가요
내가 여전히 기억하는 날들로

오, 그땐 얼마나 행복했는지
슬픔도 고통도 없었어요
푸른 들판을 걸을 때
햇살이 내 눈으로 쏟아졌죠

I'm still there everywhere

I'm the dust in the wind

I'm the star in the northern sky

I never stayed anywhere

I'm the wind in the trees

Would you wait for me forever?


I'm still there everywhere

I'm the dust in the wind

I'm the star in the northern sky

I never stayed anywhere

I'm the wind in the trees

Would you wait for me forever?

Would you wait for me forever?

Will you wait for me forever?

나는 여전히 거기 모든 곳에 있어요
나는 바람에 날리는 먼지예요
난 북쪽 하늘의 별이에요
난 결코 어디에도 머무르지 않았어요
난 나무에 부는 바람이에요
나를 평생 기다려주겠어요?

나는 여전히 거기 모든 곳에 있어요
나는 바람에 날리는 먼지예요
난 북쪽 하늘의 별이에요
난 결코 어디에도 머무르지 않았어요
난 나무에 부는 바람이에요
나를 평생 기다려주겠어요?
나를 평생 기다려주겠어요?
나를 평생 기다려줄래요?

# Love of My Life

Queen

*Love of my life, you've hurt me*
*You've broken my heart and now you leave me*
*Love of my life, can't you see?*

*Bring it back, bring it back*
*Don't take it away from me*
*Because you don't know*
*What it means to me*

*Love of my life, don't leave me*
*You've taken my love and now desert me*
*Love of my life, can't you see?*

*Bring it back, bring it back*
*Don't take it away from me*
*Because you don't know*
*What it means to me*

내 삶의 사랑이여, 당신은 내게 상처를 줬어요
내 마음을 부수고 지금 떠나네요
내 삶의 사랑이여, 모르겠어요?

되돌려줘요, 되돌려줘요
내 사랑을 가져가지 말아요
왜냐하면 당신은 모르잖아요
내 사랑이 나에게 어떤 의미인지

내 삶의 사랑이여, 날 떠나지 말아요
당신은 내 사랑을 가져가고 이제 날 버리네요
내 삶의 사랑이여, 모르겠어요?

되돌려줘요, 되돌려줘요
내 사랑을 가져가지 말아요
왜냐하면 당신은 모르잖아요
내 사랑이 나에게 어떤 의미인지

Date _____ . _____ . _____ .

• love of my life 내 삶의 사랑(인생에서 만나는 수많은 사람 중에서 특별한 단 한 사람을
부르는 표현)

*You will remember when this is blown over*

*And everything's all by the way*

*When I grow older*

*I will be there at your side to remind you*

*How I still love you (I still love you)*

*Back, hurry back*

*Please bring it back home to me*

*Because you don't know*

*What it means to me*

*Love of my life*

*Love of my life*

*Ooh, ooh*

힘든 시간이 지나면 당신은 기억할 거예요
모든 게 평소로 돌아올 때
내가 더 성숙해지면
난 상기시켜주기 위해 당신 곁에 있을 거예요
내가 여전히 당신을 얼마나 사랑하는지를
(나는 여전히 당신을 사랑해요)

돌아와요, 빨리 돌아와요
제발 내 사랑을 나에게 다시 가져와요
왜냐하면 당신은 모르잖아요
내 사랑이 나에게 어떤 의미인지
내 삶의 사랑이여
내 삶의 사랑이여
우, 우

# I'd Love You to Want Me

Lobo

When I saw you standin' there
About fell out my chair
And when you moved your mouth to speak
I felt the blood go to my feet

Now it took time for me to know
What you tried so not to show
And somethin' in my soul just cries
I see the want in your blue eyes

✳

『Baby, I'd love you to want me
The way that I want you
The way that it should be
Baby, you'd love me to want you
The way that I want to
If you'd only let it be』

당신이 거기에 서 있는 걸 봤을 때
난 의자에서 떨어질 뻔했어요
당신이 말을 하려고 입을 움직였을 때
난 피가 내 발로 흐르는 걸 느꼈어요

이제 내가 알기까지 시간이 걸렸어요
당신이 보여주지 않으려고 애쓴 것이 무엇인지를
내 영혼 속 뭔가가 그냥 울고
나는 당신의 파란 눈동자에 있는 간절함이 보여요

「그대여, 난 당신이 날 원했으면 좋겠어요
내가 당신을 원하는 것처럼
당연히 그렇게 되어야만 하는 것처럼 말이에요
그대여, 난 당신이 날 원했으면 좋겠어요
내가 당신을 원하는 것처럼 말이에요
당신이 그렇게 허락만 한다면요」

*You told yourself years ago*
*You'd never let your feeling show*
*The obligation that you made*
*For the title that they gave*

* repeat

*Now it took time for me to know*
*What you tried so not to show*
*Now somethin' in my soul just cries*
*I see the want in your blue eyes*

* repeat x 2

수년 전 당신은 자신에게 말했어요
다시는 당신의 감정을 보여주지 않기로
당신이 만든 의무감을
그들이 준 직책을 위해서

* 반복

이제 내가 알기까지 시간이 걸렸어요
당신이 보여주지 않으려고 애쓴 것이 무엇인지를
내 영혼 속 뭔가가 그냥 울고
나는 당신의 파란 눈동자에 있는 간절함이 보여요

* 반복 x 2

# Rhythm of the Rain

The Cascades

Listen to the rhythm of the falling rain

Telling me just what a fool I've been

I wish that it would go and let me cry in vain

And let me be alone again


✳

『The only girl I care about has gone away

Looking for a brand new start

But little does she know that when she left that day

Along with her she took my heart 』


Rain, please tell me now does that seem fair

For her to steal my heart away when she don't care?

I can't love another when my heart's somewhere far away


✳ repeat

떨어지는 빗방울의 리듬을 들어보세요
내가 얼마나 바보 같은지 말해주고 있어요
비가 지나가고 내가 부질없이 울게 해주면 좋을 텐데
나를 다시 혼자 있게 해주면 좋을 텐데

「내가 사랑한 유일한 여자가 떠나버렸어요
새로운 시작을 찾기 위해서요
그녀는 몰라요, 그녀가 떠났던 그날
내 마음도 함께 가져가버렸다는 걸」

비야, 이제 그게 공평한 건지 내게 말해줄래?
그녀가 내 마음을 빼앗고도 신경 쓰지 않는 게
나는 다른 사람을 사랑할 수 없어요, 내 마음은 저기 먼 곳 어딘가에 있어서

* 반복

Date _____ . _____ . _____ .

Rain, won't you tell her that I love her so?

Please ask the sun to set her heart aglow

Rain, in her heart and let the love we knew start to grow


Listen to the rhythm of the falling rain

Telling me just what a fool I've been

I wish that it would go and let me cry in vain

And let me be alone again


Oh, listen to the falling rain

Pitter patter, pitter patter

Oh-oh, listen, listen to the falling rain

Pitter patter, pitter patter

Oh-oh, listen, listen to the falling rain


비야, 내가 그녀를 사랑한다고 전해주겠니?
그녀 마음이 불타오르도록 태양에게 부탁해줘
비야, 그녀의 마음에 우리가 알던 그 사랑을 다시 자라나게 해주렴

떨어지는 빗방울의 리듬을 들어보세요
내가 얼마나 바보 같았는지 말해주고 있어요
비가 지나가고 내가 부질없이 울게 해주면 좋을 텐데
나를 다시 혼자 있게 해주면 좋을 텐데

오, 빗방울 떨어지는 소리를 들어보세요
주룩주룩, 주룩주룩
오, 빗방울 떨어지는 소리를 들어보세요
주룩주룩, 주룩주룩
오, 빗방울 떨어지는 소리를 들어보세요

# Yesterday

The Beatles

*Yesterday*
*All my troubles seemed so far away*
*Now it looks as though they're here to stay*
*Oh, I believe in yesterday*

*Suddenly*
*I'm not half the man I used to be*
*There's a shadow hanging over me*
*Oh, when yesterday came suddenly*

*Why she had to go*
*I don't know, she wouldn't say*
*I said something wrong*
*Now I long for yesterday*

지난날엔
내 모든 걱정이 멀리 있는 것 같았어요
이젠 내 걱정들이 여기에 머무르려는 것 같아요
오, 지난날이 좋았어요

갑자기
나는 예전의 반도 안 되는 사람이네요
내 위에 그림자가 머물러 있어요
오, 지난날이 갑자기 생각났을 때

왜 그녀가 떠나야 했는지를
난 알지 못해요, 그녀가 말하려 하지 않았어요
내가 뭔가 잘못 말했나 봐요
이젠 지난날이 그리워요

Date _____ . _____ . _____ .

*Yesterday*
*Love was such an easy game to play*
*Now I need a place to hide away*
*Oh, I believe in yesterday*

*Why she had to go*
*I don't know, she wouldn't say*
*I said something wrong*
*Now I long for yesterday*

*Yesterday*
*Love was such an easy game to play*
*Now I need a place to hide away*
*Oh, I believe in yesterday*

지난날엔
사랑은 무척 하기 쉬운 게임이었어요
이젠 난 숨을 곳이 필요해요
오, 지난날이 좋았어요

왜 그녀가 떠나야 했는지를
난 알지 못해요, 그녀가 말하려 하지 않았어요
내가 뭔가 잘못 말했나 봐요
이젠 지난날이 그리워요

지난날엔
사랑은 무척 하기 쉬운 게임이었어요
이젠 난 숨을 곳이 필요해요
오, 지난날이 좋았어요

# Puff, the Magic Dragon

Peter, Paul & Mary

*Puff, the magic dragon, lived by the sea*

*And frolicked in the autumn mist in a land called Honali*

*Little Jackie Paper loved that rascal Puff*

*And brought him strings and sealing wax and other fancy stuff*

*Oh Puff, the magic dragon, lived by the sea*

*And frolicked in the autumn mist in a land called Honali*

*Puff, the magic dragon, lived by the sea*

*And frolicked in the autumn mist in a land called Honali*

마법의 용 퍼프는 바닷가에 살았어
하나리라고 불리는 땅의 가을 안개 속에서 뛰어놀았지
꼬마 재키 페이퍼는 그런 장난꾸러기 퍼프를 사랑했어
그래서 악기와 실링 왁스 그리고 다른 멋진 물건들을 가져다줬지

마법의 용 퍼프는 바닷가에 살았어
하나리라고 불리는 땅의 가을 안개 속에서 뛰어놀았지
마법의 용 퍼프는 바닷가에 살았어
하나리라고 불리는 땅의 가을 안개 속에서 뛰어놀았지

*Together they would travel on a boat with billowed sail*

*Jackie kept a lookout, perched on Puff's gigantic tail*

*Noble kings and princes would bow whene'er they came*

*Pirate ships would lower their flags when Puff roared out his name*


*Oh Puff, the magic dragon, lived by the sea*

*And frolicked in the autumn mist in a land called Honali*

*Puff, the magic dragon, lived by the sea*

*And frolicked in the autumn mist in a land called Honali*

그들은 부풀어 오른 돛이 있는 배를 타고 함께 여행했어
재키는 퍼프의 거대한 꼬리에 걸터앉아 보초를 섰지
고귀한 왕과 왕자들은 그들이 올 때마다 머리를 숙였고
퍼프가 자신의 이름을 크게 외치면 해적선들은 깃발을 내렸지

마법의 용 퍼프는 바닷가에 살았어
하나리라고 불리는 땅의 가을 안개 속에서 뛰어놀았지
마법의 용 퍼프는 바닷가에 살았어
하나리라고 불리는 땅의 가을 안개 속에서 뛰어놀았지

*A dragon lives forever, but not so little boys*

*Painted wings and giants' rings make way for other toys*

*One gray night, it happened, Jackie Paper came no more*

*And Puff, that mighty dragon, he ceased his fearless roar*

*His head was bent in sorrow, green scales fell like rain*

*Puff no longer went to play along the cherry lane*

*Without his lifelong friend, Puff could not be brave*

*So Puff, that mighty dragon, sadly slipped into his cave*

*Oh Puff, the magic dragon, lived by the sea*

*And frolicked in the autumn mist in a land called Honali*

*Puff, the magic dragon, lived by the sea*

*And frolicked in the autumn mist in a land called Honali*

용은 영원히 살지만 꼬마 소년은 그렇지 않았어
색이 입혀진 날개와 거인들의 반지들은 다른 장난감들에 자리를 내줬지
어느 회색빛 밤, 그 일이 벌어졌어, 재키 페이퍼가 더 이상 오지 않은 거야
힘센 용 퍼프는 그의 겁 없는 포효를 멈췄어

슬픔에 머리를 떨궜고, 푸른 비닐은 비처럼 떨어졌어
퍼프는 더 이상 체리 나무 오솔길을 따라 놀러 가지 않았어
평생을 함께한 친구 없이 퍼프는 용감해질 수 없었거든
그래서 힘센 용 퍼프는 슬프게도 그의 동굴로 가버렸어

마법의 용 퍼프는 바닷가에 살았어
하나리라고 불리는 땅의 가을 안개 속에서 뛰어놀았지
마법의 용 퍼프는 바닷가에 살았어
하나리라고 불리는 땅의 가을 안개 속에서 뛰어놀았지

# Lemon Tree

Fool's Garden

*I'm sittin' here in the boring room*
*It's just another rainy Sunday afternoon*
*I'm wastin' my time, I got nothing to do*
*I'm hangin' around, I'm waitin' for you*
*But nothing ever happens*
*And I wonder*

*I'm drivin' around in my car*
*I'm drivin' too fast, I'm drivin' too far*
*I'd like to change my point of view*
*I feel so lonely, I'm waiting for you*
*But nothing ever happens*
*And I wonder*

난 여기 지루한 방에 앉아 있어
그저 어느 비 오는 일요일 오후야
아무 할 일 없이 시간만 낭비하고 있어
난 그냥 있어, 너를 기다리면서
그런데 아무 일도 일어나지 않았어
그리고 난 궁금해

차를 타고 돌아다니고 있어
나는 너무 빠르게 그리고 너무 멀리까지 운전하고 있어
난 나의 관점을 바꾸고 싶어
난 너무 외롭고, 널 기다리고 있어
그런데 아무 일도 일어나지 않았어
그리고 난 궁금해

Date _____ . _____ . _____ .

노래 듣기

*I wonder how*

*I wonder why*

*Yesterday, you told me 'bout the blue, blue sky*

*And all that I can see*

*Is just a yellow lemon tree*

*I'm turnin' my head*

*Up and down*

*I'm turnin', turnin', turnin', turnin', turnin' around*

*And all that I can see*

*Is just another lemon tree*

*Sing*


*I'm sittin' here, I miss the power*

*I'd like to go out, takin' a shower*

*But there's a heavy cloud inside my head*

*I feel so tired, put myself into bed*

*Well, nothing ever happens*

*And I wonder*

난 어떻게 그런 건지 궁금해
왜 그런 건지 궁금해
어제 너는 내게 파란 하늘에 관해 이야기했어
그리고 내가 볼 수 있는 건
노란 레몬 나무뿐이야
나는 고개를 돌려
위아래로
나는 좌우로 몸을 돌리고 돌려
그리고 내가 볼 수 있는 건
레몬 나무뿐이야
노래해

난 여기에 앉아 있어, 힘도 사라졌어
나는 샤워를 하러 가고 싶어
그러나 내 머릿속엔 짙은 먹구름이 껴 있어
난 너무 피곤해서 침대에 누웠어
그런데 아무 일도 일어나지 않았어
그리고 난 궁금해

• There's a heavy cloud inside my head   내 머릿속에 짙은 먹구름이 껴 있다
 (마음이 우울하거나 스트레스가 심한 상태를 의미하는 표현)

*Isolation*

*Is not good for me*

*Isolation*

*I don't want to sit on the lemon tree*


*I'm steppin' around in the desert of joy*

*Maybe anyhow I'll get another toy*

*And everything will happen*

*And you wonder*


*I wonder how*

*I wonder why*

*Yesterday, you told me 'bout the blue, blue sky*

*And all that I can see*

*Is just another lemon tree*


고립은
내게 좋지 않아
고립
나는 레몬 나무에 앉아 있고 싶지 않아

나는 즐거움의 사막을 걷고 있어
아마도 어떻게든 난 또 다른 장난감을 가질 거야
그리고 모든 일은 일어날 거야
넌 궁금해

난 어떻게 그런 건지 궁금해
왜 그런 건지 궁금해
어제 너는 내게 파란 하늘에 관해 이야기했어
그리고 내가 볼 수 있는 건
레몬 나무뿐이야

*I'm turnin' my head*

*Up and down*

*Turnin', turnin', turnin', turnin', turnin' around*

*And all that I can see*

*Is just a yellow lemon tree*

*And I wonder, wonder*

*I wonder how*

*I wonder why*

*Yesterday, you told me 'bout the blue, blue sky*

*And all that I can see*

*And all that I can see*

*And all that I can see*

*Is just a yellow lemon tree*

나는 고개를 돌려
위아래로
좌우로 몸을 돌리고 돌려
그리고 내가 볼 수 있는 건
노란 레몬 나무뿐이야
그리고 난 궁금해, 궁금해
난 어떻게 그런 건지 궁금해
왜 그런 건지 궁금해
어제 너는 내게 파란 하늘에 관해 이야기했어
그리고 내가 볼 수 있는 건
그리고 내가 볼 수 있는 건
그리고 내가 볼 수 있는 건
노란 레몬 나무뿐이야

# In Your Letter

REO Speedwagon

☀

『In your letter, ooh, in your letter』

☀ repeat x 3

Oh, in your letter, you said you didn't love me

You said you're gonna leave me

But you could've said it better

Oh-ooh-oh, in your letter, you said you couldn't face me

You said you could replace me

But you could've said it better

You could've left him only for an evening, let him be lonely

But you hid behind your poison pen and his pride

「당신의 편지에, 우, 당신의 편지에」

*반복 X 3

오, 당신의 편지에, 당신은 나를 사랑하지 않는다고 썼어요
당신은 날 떠날 거라고 썼어요
하지만 더 좋게 쓸 수 있었을 텐데요
오-우-오, 당신의 편지에, 당신은 나를 직접 볼 수 없다고 썼어요
당신은 나를 대체할 수 있다고 썼어요
하지만 더 좋게 쓸 수 있었을 텐데요
당신은 저녁 동안만이라도 그를 떠나서 외롭게 둘 수 있었을 텐데요
하지만 당신은 독이 든 펜과 그의 자존심 뒤에 숨었어요

Date _____ . _____ . _____ .

*You could've told him somethin'*
*And proved to me you don't love him*
*But you hid behind your future full of lies*
*Oh-ooh-oh, in your letter*

*Ooh-ooh-ooh, you could've left him only for an evening, let him*
*be lonely*
*But you hid behind your poison pen and his pride*
*You could've told him somethin'*
*And proved to me you don't love him (ooh-ooh)*
*But you hid behind your future full of lies*
*Oh-ooh-oh, in your letter (in your letter), you said you didn't love me*
*(in your letter)*

당신은 그에게 뭔가를 말하고
나에게 그를 사랑하지 않는다는 걸 증명할 수 있었을 텐데요
하지만 당신은 거짓으로 가득찬 미래에 숨었어요
오-우-오, 당신의 편지에

우-우-우, 당신은 저녁 동안만이라도 그를 떠나서 외롭게 둘 수 있었을 텐데요
하지만 당신은 독이 든 펜과 그의 자존심 뒤에 숨었어요
당신은 그에게 뭔가를 말하고
나에게 그를 사랑하지 않는다는 걸 증명할 수 있었을 텐데요 (우, 우)
하지만 당신은 거짓으로 가득찬 미래에 숨었어요
오-우-오, 당신의 편지에 (당신의 편지에), 당신은 나를 사랑하지 않는다고 썼어요
(당신의 편지에)

*You said you're gonna leave me (in your letter)*

*But you could've said it better (in your letter)*

*Oh-ooh-oh, in your letter (in your letter)*

*You said you couldn't face me (in your letter)*

*You said you could replace me (in your letter)*

*But you could've said it better (in your letter)*

*Oh-ooh-oh, in your letter (in your letter)*


*Ooh-ooh-ooh, in your letter (in your letter, in your letter)*

*Ooh-ooh-ooh, in your letter (in your letter, in your letter)*


✳✳

『*Ooh (in your letter, in your letter)*』

✳✳ repeat x 5


당신은 날 떠날 거라고 썼어요 (당신의 편지에)
하지만 더 좋게 쓸 수 있었을 텐데요 (당신의 편지에)
오-우-오, 당신의 편지에 (당신의 편지에)
당신은 나를 직접 볼 수 없다고 썼어요 (당신의 편지에)
당신은 나를 대체할 수 있다고 썼어요 (당신의 편지에)
하지만 더 좋게 쓸 수 있었을 텐데요 (당신의 편지에)
오-우-오, 당신의 편지에 (당신의 편지에)

우-우-우, 당신의 편지에 (당신의 편지에, 당신의 편지에)
우-우-우, 당신의 편지에 (당신의 편지에, 당신의 편지에)

「우, 당신의 편지에 (당신의 편지에, 당신의 편지에)」

✳✳ 반복 X 5

**My favorite pop song lyrics #**

좋아하는 팝송 가사를 써보세요.

# Chapter 4

## This Is Me

# This Is Me
## Keala Settle

*I am not a stranger to the dark*

*Hide away, they say*

*'Cause we don't want your broken parts*

*I've learned to be ashamed of all my scars*

*Run away, they say*

*No one will love you as you are*

*But I won't let them break me down to dust*

*I know that there's a place for us*

*For we are glorious*

난 어둠이 낯설지 않아
눈에 띄지 마, 사람들은 말해
왜냐하면 우리는 망가진 널 원하지 않아

난 내 모든 상처를 부끄러워하도록 배웠어
없어져, 사람들은 말해
아무도 있는 그대로 너를 사랑하지 않을 거야

하지만 난 사람들이 날 먼지로 부숴버리도록 두지 않을 거야
나는 우리를 위한 장소가 있다는 걸 알아
우리는 눈부시게 아름답기 때문에

✻

『*When the sharpest words wanna cut me down*
*I'm gonna send a flood, gonna drown 'em out*
*I am brave*
*I am bruised*
*I am who I'm meant to be*
*This is me*

*Look out, 'cause here I come*
*And I'm marching on to the beat I drum*
*I'm not scared to be seen*
*I make no apologies*
*This is me*』

「가장 날카로운 말들이 나에게 상처 주려고 할 때
나는 홍수를 보내 다 가라앉혀버릴 거야
나는 용감해
난 멍이 들었어
난 원래 이런 사람이야
이게 나야

조심해, 여기 내가 간다
난 내가 치는 드럼 박자에 맞춰 행진할 거야
나는 보이는 게 무섭지 않아
나는 사과하지 않아
이게 나니까」

- I am bruised 나는 멍이 들다(멍이 든 상태를 표현. 여기에서는 힘든 일을 겪어서 그 영향을 받은 상태를 암시함)
- I'm marching on to the beat I drum 난 내가 치는 드럼 박자에 맞춰 행진하고 있다 (내가 원하는 속도, 내게 맞는 속도대로 살아갈 것이라는 표현)

Another round of bullets hits my skin

Well, fire away

'Cause today

I won't let the shame sink in


We are bursting through the barricades

And reaching for the sun (We are warriors!)

Yeah, that's what we've become


I won't let them break me down to dust

I know that there's a place for us

For we are glorious


\* repeat


This is me


And I know that I deserve your love

There's nothing I'm not worthy of

또 다른 총알이 내 살을 파고들어

그래, 실컷 쏴봐

왜냐하면 오늘

나는 수치심이 내 안에 파고들게 하지 않을 거야


우리는 바리케이드를 무너트리고

태양을 향해 나아가고 있어 (우리는 전사야!)

그래, 우리는 이렇게 변했어


난 사람들이 날 먼지로 부숴버리도록 두지 않을 거야

나는 우리를 위한 장소가 있다는 걸 알아

우리는 눈부시게 아름답기 때문에


* 반복


이게 나야


그리고 나는 내가 당신의 사랑을 받을 충분한 자격이 있다는 걸 알아

내 모든 부분은 가치가 있어

When the sharpest words wanna cut me down

I'm gonna send a flood, gonna drown 'em out

This is brave

This is bruised

This is who I'm meant to be

This is me


Look out, 'cause here I come (Look out, 'cause here I come)

And I'm marching on to the beat I drum

(Marching on, marching, marching)

I'm not scared to be seen

I make no apologies

This is me


When the words wanna cut me down

I'll send a flood to drown them out

I'm gonna send a flood

Gonna drown them out

I

This is me

가장 날카로운 말들이 나에게 상처 주려고 할 때

나는 홍수를 보내 다 가라앉혀버릴 거야

이게 용감한 거야

이게 멍이 든 거야

이게 원래 나야

이게 나야


조심해, 여기 내가 간다 (조심해, 여기 내가 간다)

난 내가 치는 드럼 박자에 맞춰 행진할 거야 (행진, 행진, 행진 중이야)

나는 보이는 게 무섭지 않아

나는 사과하지 않아

이게 나니까


말들이 나에게 상처 주려고 할 때

나는 홍수를 보내 가라앉힐 거야

나는 홍수를 보낼 거야

그 말들을 가라앉혀버릴 거야

나야

이게 나야

# Greatest Love of All

Whitney Houston

*I believe the children are our future*

*Teach them well and let them lead the way*

*Show them all the beauty they possess inside*

*Give them a sense of pride to make it easier*

*Let the children's laughter*

*Remind us how we used to be*

*Everybody's searching for a hero*

*People need someone to look up to*

*I never found anyone who fulfilled my needs*

*A lonely place to be*

*And so I learned to depend on me*

나는 아이들이 우리의 미래라는 것을 믿어요
아이들을 잘 가르쳐서 세상을 이끌어가도록 해야 해요
아이들에게 그들 안에 잠재된 모든 아름다움을 보여주세요
아이들이 잘 살아갈 수 있게 자존감을 심어주세요
아이들의 웃음소리가
우리에게 예전에 어땠는지 기억하게 하세요

모든 사람이 영웅을 찾고 있어요
사람들은 우러러볼 누군가를 필요로 하죠
난 내가 필요한 것을 만족시켜줄 누군가를 찾지 못했어요
외로운 곳이에요
그래서 난 내 자신에게 의존하려고 노력했어요

Date _____ . _____ . _____ .

노래 듣기

＊

『*I decided long ago*

*Never to walk in anyone's shadows*

*If I fail, If I succeed*

*At least I lived as I believe*

*No matter what they take from me*

*They can't take away my dignity*


*Because the greatest love of all*

*Is happening to me*

*I found the greatest love of all*

*Inside of me*

*The greatest love of all*

*Is easy to achieve*

*Learning to love yourself*

*It is the greatest love of all*』

「오래전에 나는 결심했어요
누구의 그림자 속에서 걷지 않기로
내가 실패하든, 성공하든
적어도 나는 내가 생각하는 대로 살았으니까
내게서 뭔가를 빼앗아가더라도
내 존귀함은 빼앗을 수 없어요

가장 위대한 사랑이
나에게 일어나고 있기 때문이에요
나는 가장 위대한 사랑을 발견했어요
내 안에서
가장 위대한 사랑은
이루기 쉬워요
자기 자신을 사랑하는 걸 배우는 것이
가장 위대한 사랑이에요」

I believe the children are our future
Teach them well and let them lead the way
Show them all the beauty they possess inside
Give them a sense of pride to make it easier
Let the children's laughter
Remind us how we used to be

* repeat


And if, by chance, that special place
That you've been dreaming of
Leads you to a lonely place
Find your strength in love

나는 아이들이 우리의 미래라는 것을 믿어요
아이들을 잘 가르쳐서 세상을 이끌어가도록 해야 해요
아이들에게 그들 안에 잠재된 모든 아름다움을 보여주세요
아이들이 잘 살아갈 수 있게 자존감을 심어주세요
아이들의 웃음소리가
우리에게 예전에 어땠는지 기억하게 하세요

* 반복

그리고 만약, 우연히, 특별한 장소가
당신이 꿈꿔왔던
당신을 외로운 곳으로 안내한다면
사랑 안에서 당신의 힘을 찾으세요

# Perfect

Ed sheeran

*I found a love for me*

*Darling, just dive right in*

*Follow my lead*

*Well, I found a girl*

*Beautiful and sweet*

*Well, I never knew you were the someone waiting for me*


*'Cause we were just kids when we fell in love*

*Not knowing what it was*

*I will not give you up this time*

*But, darling, just kiss me slow*

*Your heart is all I own*

*And in your eyes you're holding mine*

나는 날 위한 사랑을 찾았어요
달링, 그냥 빠져보세요
내가 이끄는 대로 따라오세요
그래요, 나는 한 소녀를 찾았어요
아름답고 귀여운
그래요, 나는 나를 위해 기다리는 사람이 당신인 걸 전혀 몰랐어요

왜냐하면 우리가 사랑에 빠졌을 땐 우린 어렸거든요
그게 무엇인지 몰랐죠
이번엔 난 당신을 포기하지 않을 거예요
달링, 나에게 천천히 입을 맞춰주세요
당신의 마음이 내가 가진 전부예요
그리고 당신의 눈 속에 당신이 내 마음을 가지고 있네요

* girl  소녀, 여자(어린 여자아이에게만 쓰는 표현이 아니라 20대의 여성에게도 쓰는 표현)

Baby, I'm dancing in the dark

With you between my arms

Barefoot on the grass

Listening to our favourite song

When you said you looked a mess

I whispered underneath my breath

But you heard it

Darling, you look perfect tonight


Well, I found a woman

Stronger than anyone I know

She shares my dreams, I hope that someday, I'll share her home

I found a love

To carry more than just my secrets

To carry love, to carry children of our own

그대여, 난 어둠 속에서 춤을 추고 있어요
당신을 내 품에 안고서
잔디에 맨발로
우리가 가장 좋아하는 노래를 들으면서 말이에요
당신의 모습이 엉망이라고 말했을 때
나는 속으로 속삭였죠
하지만 당신은 그걸 들었죠
달링, 당신은 오늘 밤 완벽해요

그래요, 나는 한 여자를 찾았어요
내가 아는 누구보다 더 강한
그녀는 내 꿈과 함께해요, 나는 언젠가 그녀와 함께 살길 바라요
나는 사랑을 찾았어요
내 비밀 그 이상을 공유할
사랑을 함께할, 우리 아이들을 키울

We are still kids, but we're so in love

Fighting against all odds

I know we'll be alright this time

Darling, just hold my hand

Be my girl, I'll be your man

I see my future in your eyes


Baby, I'm dancing in the dark

With you between my arms

Barefoot on the grass

Listening to our favourite song

When I saw you in that dress, looking so beautiful

I don't deserve this

Darling, you look perfect tonight


우린 여전히 어리지만, 완전히 사랑에 빠졌어요
모든 어려움에 맞서고 있어요
난 알아요, 이번에는 우리가 괜찮을 거라는 걸!
달링, 그냥 내 손을 잡아요
내 여자가 되어줘요, 난 당신의 남자가 될게요
난 당신의 눈 속에서 나의 미래를 봐요

그대여, 난 어둠 속에서 춤을 추고 있어요
당신을 내 품에 안고서
잔디에 맨발로
우리가 가장 좋아하는 노래를 들으면서 말이에요
내가 그 드레스를 입은 당신을 봤을 때, 정말 아름다웠어요
나는 이걸 누릴 자격이 없지만
달링, 당신은 오늘 밤 완벽해요

*Baby, I'm dancing in the dark*

*With you between my arms*

*Barefoot on the grass*

*Listening to our favourite song*

*I have faith in what I see*

*Now I know I have met an angel in person*

*And she looks perfect*

*I don't deserve this*

*You look perfect tonight*

그대여, 난 어둠 속에서 춤을 추고 있어요
당신을 내 품에 안고서
잔디에 맨발로
우리가 가장 좋아하는 노래를 들으면서 말이에요
난 내가 보는 것만 믿어요
이제 난 내가 사람의 모습을 한 천사를 만났다는 걸
그리고 그녀는 완벽해요
나는 이걸 누릴 자격은 없지만
당신은 오늘 밤 완벽해요

• I have faith in what I see   나는 내가 보는 것만 믿는다(눈으로 직접 본 것만 신뢰한다는 표현)

# To Be with You

Mr.Big

*Hold on, little girl*

*Show me what he's done to you*

*Stand up, little girl*

*A broken heart can't be that bad*


*When it's through, it's through*

*Fate will twist the both of you*

*So come on, baby, come on over*

*Let me be the one to show you*

잠깐만 꼬마 아가씨
그 사람이 네게 무슨 짓을 했는지 알려줘
일어나, 꼬마 아가씨
상처 난 마음은 그렇게 나쁘지 않아

끝났으면 끝난 거야
운명이 두 사람을 갈라놓을 거야
그러니 이리 와, 이리 와
너에게 보여줄 사람이 내가 되게 해줘

*

『I'm the one who wants to be with you

Deep inside, I hope you'll feel it, too (Feel it, too)

Waited on a line of greens and blues (Waited on a line)

Just to be the next to be with you』

Build up your confidence

So you can be on top for once

Wake up, who cares about

Little boys that talk too much?

I've seen it all go down

The game of love was all rained out

So come on, baby, come on over

Let me be the one to hold you

\* repeat

「너와 함께 있기를 원하는 사람은 나야
가슴 깊이 너도 그렇게 느낄 거라 희망해
희망과 슬픔의 선에서 기다렸어
그저 네 곁에 있기 위해서」

자신감을 키워봐
그래서 당신이 한 번쯤은 정상에 설 수 있도록
정신 차려, 신경 쓰지 마
말 많은 애송이들은

나는 사랑이 무너지는 걸 모두 봤어
당신 사랑의 게임은 모두 비로 사라졌어
그러니 이리 와, 이리 와
너를 안아줄 사람이 내가 되게 해줘

* 반복

• wait on a line of greens and blues  희망과 슬픔의 선에서 기다리다(초록색은 희망을 뜻하고,
  파란색은 슬픔을 뜻하는 은유적 표현)

Why be alone when we can be together, baby?
You can make my life worthwhile
I can make you start to smile

When it's through, it's through
And fate will twist the both of you
So come on, baby, come on over
Let me be the one to show you

\* repeat x 2

Just to be the next to be with you
Ooh

우리가 함께할 수 있는데 왜 외톨이가 되겠어?
너는 내 인생을 가치 있게 만들 수 있고
나는 너를 웃게 만들 수 있어

끝났으면 끝난 거야
운명이 두 사람을 갈라놓을 거야
그러니 이리 와, 이리 와
너에게 보여줄 사람이 내가 되게 해줘

* 반복 X 2

그저 네 곁에 있기 위해서
우

# I'll Be There

### Jackson 5

*You and I must make a pact*
*We must bring salvation back*
*Where there is love*
*I'll be there (I'll be there)*

*I'll reach out my hand to you*
*I'll have faith in all you do*
*Just call my name*
*And I'll be there (I'll be there)*

※

『*And oh*
*I'll be there to comfort you*
*Build my world of dreams around you*
*I'm so glad that I found you*
*I'll be there with a love that's strong*
*I'll be your strength*
*I'll keep holding on (Holding on, holding on)*
*Yes, I will, yes, I will*』

당신과 난 약속해야 해요
우리는 구원을 되찾아야 해요
사랑이 있는 곳에
내가 있을게요 (내가 있을게요)

당신에게 내 손을 내밀게요
당신이 하는 모든 걸 믿을 거예요
그저 내 이름만 불러요
내가 당신 곁에 있을게요 (내가 당신 곁에 있을게요)

「그리고 오
당신 곁에서 위로해줄게요
당신 곁에 내 꿈의 세계를 지을 거예요
당신을 찾아서 정말 기뻐요
강한 사랑으로 당신 곁에 있을게요
당신의 힘이 되어주고
당신을 굳건히 지켜줄게요 (지켜줄게요,지켜줄게요)
그래요, 난 그럴 거예요, 그래요, 난 그럴 거예요」

노래 듣기

*Let me fill your heart with joy and laughter*

*Togetherness, girl, is all I'm after*

*Whenever you need me*

*I'll be there (I'll be there)*

*I'll be there to protect you (Yeah baby)*

*With an unselfish love I respect you*

*Just call my name*

*And I'll be there (I'll be there)*

✳ repeat

*If you should ever find someone new*

*I know he better be good to you*

*'Cause if he doesn't*

*I'll be there (I'll be there)*

당신의 마음을 기쁨과 웃음으로 채우게 해줘요
당신과 함께 있는 것이 내가 바라는 전부예요
당신이 날 필요로 할 때마다
내가 그곳에 있을게요 (내가 그곳에 있을게요)
당신 곁에서 당신을 지켜줄게요 (예, 그대여)
당신을 존중하는 헌신적인 사랑으로요
그저 내 이름만 불러요
내가 당신 곁에 있을게요 (내가 당신 곁에 있을게요)

*반복

혹시 당신이 새로운 누군가를 만나게 된다면
그 사람이 나보다 당신에게 더 좋은 사람일 거예요
그가 그렇지 않다면
내가 당신 곁에 있을게요 (내가 당신 곁에 있을게요)

Don't you know baby, yeah yeah

I'll be there

I'll be there

Just call my name

I'll be there (I'll be there)

Just look over your shoulders, honey

Ooh, I'll be there

I'll be there

Whenever you need me

I'll be there (I'll be there)

Don't you know baby, yeah yeah

I'll be there

I'll be there

Just call my name

I'll be there (I'll be there)

모르겠나요, 그대여
내가 있을게요
내가 있을게요
그저 내 이름만 불러요
내가 그곳에 있을게요 (내가 그곳에 있을게요)
어깨너머로 보세요, 그대여

내가 그곳에 있을게요
내가 있을게요
당신이 날 필요로 할 때마다
내가 그곳에 있을게요 (내가 그곳에 있을게요)
모르겠나요, 그대여
내가 그곳에 있을게요
내가 있을게요
그저 내 이름만 불러요
내가 그곳에 있을게요 (내가 그곳에 있을게요)

# Bridge Over Troubled Water

## Simon & Garfunkel

*When you're weary, feeling small*

*When tears are in your eyes*

*I'll dry them all*

*I'm on your side*

*Oh, when times get rough*

*And friends just can't be found*

*Like a bridge over troubled water*

*I will lay me down*

*Like a bridge over troubled water*

*I will lay me down*

*When you're down and out*

*When you're on the street*

*When evening falls so hard*

*I will comfort you*

*I'll take your part*

*When darkness comes*

*And pain is all around*

당신이 지치고 작게만 느껴질 때
당신의 눈에 눈물이 흐를 때
내가 모든 눈물을 닦아줄게요
나는 당신 편이에요
오, 삶이 힘들고
친구들을 찾을 수 없을 때

거친 바다 위의 다리처럼
내가 다리가 될게요
거친 바다 위의 다리처럼
내가 다리가 될게요

당신이 빈털터리일 때
당신이 거리에서 잘 때
너무 우울해질 때
내가 당신을 위로할게요
내가 당신 편이 될게요
어둠이 오고
고통으로 둘러싸여 있을 때

• I will lay me down  내가 다리가 될 것이다(직역은 '내 몸을 눕히겠다'는 뜻. 여기서는 거센 바다를
건너는 다리가 되겠다는 표현으로 험한 세상을 살아갈 때 위로해주고, 도와주고, 안전하게 지켜주겠다는 의미)

*Like a bridge over troubled water*
*I will lay me down*
*Like a bridge over troubled water*
*I will lay me down*

*Sail on, silver girl*
*Sail on by*
*Your time has come to shine*
*All your dreams are on their way*
*See how they shine*
*If you need a friend*
*I'm sailing right behind*

*Like a bridge over troubled water*
*I will ease your mind*
*Like a bridge over troubled water*
*I will ease your mind*

거친 바다 위의 다리처럼
내가 다리가 될게요
거친 바다 위의 다리처럼
내가 다리가 될게요

은빛의 그대여, 가세요
계속 가세요
당신이 빛날 시간이 왔어요
당신의 모든 꿈이 다가오고 있어요
그것들이 어떻게 빛나는지 보세요
만약 친구가 필요하다면
내가 당신 바로 뒤에서 가고 있어요

거친 바다 위의 다리처럼
당신의 마음을 편안하게 해줄게요
거친 바다 위의 다리처럼
당신의 마음을 편안하게 해줄게요

# Stoney
## Lobo

*I've known her since we both were kids*

*I recall the silly things we did*

*She would want to ride upon my back*

*To keep from stepping on a crack*


*I didn't think of it back then*

*But even when she did not win*

*She was happy just to play*

*Stoney liked to live out every day*


*Stoney, happy all the time*

*Stoney, life is summertime*

*The joy you find in living every day*

*Stoney, how I love your simple ways*

나는 우리 둘 다 어렸을 때부터 그녀를 알았어요
나는 우리가 했던 장난들을 기억해 내요
그녀는 내 등에 올라타고 싶어 하곤 했어요
금을 밟지 않으려고

나는 그땐 생각하지 못했지만
그녀는 이기지 못했을 때도
노는 것만으로 행복해했어요
스토니는 하루하루 열심히 사는 걸 좋아했어요

스토니, 언제나 행복한 사람
스토니, 인생은 화창한 여름날 같아요
일상에서 당신이 찾은 즐거움
스토니, 내가 얼마나 당신의 꾸밈없는 모습을 사랑했는지

• how I love your simple ways  내가 얼마나 당신의 꾸밈없는 모습을 사랑했는지(사소한 것에서 기쁨과
  즐거움을 찾으며 살았던 Stoney의 삶의 태도에 대한 감탄의 표현)

*The times when no one understood*
*Seems that Stoney always would*
*We'd walk for hours in the sand*
*She would always try and hold my hand.*

＊

『*Stoney, happy all the time*
*Stoney, liked the summertime*
*The joy you find in living every day*
*Stoney, how I love your simple ways*』

*Now, I don't recollect the time*
*I fell in love with this old friend of mine*
*Or when I first saw in her eyes*
*What she tried so not to hide*

＊ repeat x 2

*Stoney, happy all the time*

아무도 이해해주지 않았을 때
스토니는 언제나 이해했던 것 같아요
우린 몇 시간 동안 모래 위를 걸었고
그녀는 항상 내 손을 잡아주려고 했어요

「스토니, 언제나 행복한 사람
스토니, 화창한 여름날을 좋아했죠
일상에서 당신이 찾은 즐거움
스토니, 내가 얼마나 당신의 꾸밈없는 모습을 사랑했는지」

이제 난 그 시간을 회상하지는 않아요
나는 내 오랜 친구와 사랑에 빠졌죠
내가 처음 봤을 때 그녀의 눈에서
그녀가 무엇을 감추려고 하지 않았는지

＊ 반복 X 2

스토니, 언제나 행복한 사람

# Big Big World
### Emilia

✳

『*I'm a big, big girl in a big, big world*

*It's not a big, big thing if you leave me*

*But I do, do feel that I do, do will*

*Miss you much*

*Miss you much*』


*I can see the first leaf falling*

*It's all yellow and nice*

*It's so very cold outside*

*Like the way I'm feeling inside*


✳ repeat

「나는 커다란 세상에 사는 성숙한 여자예요
당신이 날 떠난다 해도 그리 큰일은 아니에요
하지만 난 정말 느껴요, 내가 정말
당신을 많이 그리워할 거라고
많이 그리워할 거예요」

잎이 처음으로 떨어지는 걸 볼 수 있어요
모두 노랗고 예쁘네요
바깥은 너무 추워요
내가 마음속에서 느끼는 것처럼요

* 반복

Outside, it's now raining
And tears are falling from my eyes
Why did it have to happen?
Why did it all have to end?

* repeat

I have your arms around me, warm like fire
But when I open my eyes
You're gone

* repeat

I'm a big, big girl in a big, big world
It's not a big, big thing if you leave me
But I do feel that I will
Miss you much
Miss you much

밖에는 지금 비가 와요
그리고 내 눈에서는 눈물이 흐르네요
왜 이런 일이 일어나야만 했나요?
왜 이렇게 끝나야만 했나요?

* 반복

나는 불처럼 따뜻한 당신 품속에 있어요
그렇지만 내가 눈을 뜨면
당신은 사라져요

* 반복

나는 커다란 세상 속에 사는 성숙한 여자예요
당신이 날 떠난다 해도 그리 큰일은 아니에요
하지만 난 정말 느껴요, 내가 정말
당신을 많이 그리워할 거라고
많이 그리워할 거예요

My favorite
pop song
lyrics #

좋아하는 팝송 가사를 써보세요.

## Chapter 5

# *Heal the World*

# Heal the World — Michael Jackson

Narration

*Think about, um, the generations*

*And, uh, say we want to make it a better place*

*For our children, and our children's children*

*So that they, they, they know it's a better world for them*

*And think that they can make it a better place*

*There's a place in your heart and I know that it is love*

*And this place could be much brighter than tomorrow*

*And if you really try, you'll find there's no need to cry*

*In this place, you'll feel there's no hurt or sorrow*

*There are ways to get there*

*If you care enough for the living*

*Make a little space*

*Make a better place*

다음 세대들에 대해 생각해보세요
우리가 더 나은 세상을 만들고 싶다면
우리의 아이들을 위해 그리고 우리의 아이들의 아이들을 위해
그래서 그들이 더 나은 세상인 걸 알게 하기 위해서
그리고 그들도 더 나은 세상을 만들 수 있다는 걸 생각해보세요

당신의 마음속에 공간이 있고 난 그 공간이 사랑이라는 걸 알아요
그리고 이 공간은 내일보다 훨씬 더 밝을 수 있어요
그리고 당신이 정말로 노력한다면, 당신은 울 필요가 없다는 걸 발견할 거예요
이 공간에서는 아픔이나 슬픔이 없다고 느낄 거예요

그곳으로 갈 방법들이 있어요
당신이 살아있는 생명에 충분히 신경을 쓴다면
조그만 공간을 만드세요
더 나은 세상을 만드세요

Date _____ . _____ . _____ .

• make a little space   조그만 공간을 만들다(더 나은 세상을 만들기 위해 마음을
  조금만이라도 넓히라는 표현)

183

\*

*『Heal the world*

*Make it a better place*

*For you and for me*

*And the entire human race*

*There are people dying*

*If you care enough for the living*

*Make a better place for you and for me*』

*If you want to know why*

*There's a love that cannot lie*

*Love is strong*

*It only cares for joyful giving*

*If we try, we shall see*

*In this bliss we cannot feel fear or dread*

*Stop existing and start living*

「세상을 치유해주세요
더 나은 곳으로 만들어주세요
당신을 위해 그리고 나를 위해
그리고 인류 전체를 위해
죽어가는 사람들이 있어요
여러분이 살아있는 생명에 충분히 신경을 쓴다면
당신과 나를 위해 더 나은 곳을 만들어주세요」

당신이 알고 싶다면, 왜
거짓을 모르는 사랑이 있는지를
사랑은 강해요
사랑은 오직 기쁘게 베푸는 일만 신경 써요
우리가 노력한다면 우리는 볼 수 있을 거예요
축복 속에서 우리는 공포나 두려움을 느낄 수 없어요
그냥 사는 걸 멈추고 진정한 삶을 사세요

Then it feels that always
Love's enough for us growing
Make a better world
Make a better world

\* repeat

And the dream we were conceived in
Will reveal a joyful face
And the world we once believed in
Will shine again in grace
Then why do we keep strangling life
Wound this earth, crucify its soul?
Though it's plain to see
This world is heavenly
Be God's glow

그러면 항상 느껴져요
자라는 우리에겐 사랑이 충분하다고
더 나은 세상을 만드세요
더 나은 세상을 만드세요

* 반복

그리고 우리가 간직해온 꿈이
기쁜 얼굴로 드러날 거예요
그리고 우리가 한때 믿었던 세상은
다시 은총 속에서 빛날 거예요
그런데 왜 우리는 계속 삶을 목 졸라 죽이고
이 지구를 상처 입히고, 그것의 영혼에 못을 박고 있나요?
분명히 아는데도 말이에요
이 세상은 천국이라는 걸
신의 은총이 되세요

*We could fly so high*

*Let our spirits never die*

*In my heart I feel you are all my brothers*

*Create a world with no fear*

*Together we'll cry happy tears*

*See the nations turn their swords into plowshares*


*We could really get there*

*If you cared enough for the living*

*Make a little space*

*To make a better place*


✳ repeat x 3

우리는 하늘 높이 날 수 있어요.
우리 영혼이 죽게 내버려 두지 마세요
진심으로 여러분 모두가 형제라고 느껴요

두려움 없는 세상을 만들어봐요
우리 다 함께 기쁨의 눈물을 흘리며
나라들이 무기를 쟁기로 바꾸는 걸 지켜봐요

우리 분명 그런 세상을 이룰 수 있어요
여러분이 살아있는 생명에 충분히 신경을 쓴다면
조그만 공간을 만드세요
더 나은 세상을 만들기 위해서

* 반복 x 3

*There are people dying*
*If you care enough for the living*
*Make a better place for you and for me*

*There are people dying*
*If you care enough for the living*
*Make a better place for you and for me*
*You and for me (make a better place)*
*You and for me (make a better place)*
*You and for me (make a better place)*

✳✳

『*You and for me (Heal the world we live in)*
*You and for me (Save it for our children)*』

✳✳ repeat x 3

죽어가는 사람들이 있어요.
여러분이 살아있는 생명에 충분히 신경을 쓴다면
여러분과 나를 위해서 조금 더 나은 곳으로 만들어주세요

죽어가는 사람들이 있어요
여러분이 살아있는 생명에 충분히 신경을 쓴다면
여러분과 나를 위해서 조금 더 나은 곳으로 만들어주세요
여러분과 나를 위해서 (더 나은 곳을 만드세요)
여러분과 나를 위해서 (더 나은 곳을 만드세요)
여러분과 나를 위해서 (더 나은 곳을 만드세요)

「여러분과 나를 위해서 (우리가 사는 세상을 치유해주세요)
여러분과 나를 위해서 (아이들을 지켜주세요)」

✳✳ 반복 x 3

# Sunny

Boney M.

*

『Sunny, yesterday my life was filled with rain

Sunny, you smiled at me and really eased the pain

The dark days are gone

And the bright days are here

My Sunny one shines so sincere

Sunny one so true, I love you』


Sunny, thank you for the sunshine bouquet

Sunny, thank you for the love you brought my way

You gave to me your all and all

Now I feel ten feet tall

Sunny one so true, I love you


「써니, 예전에 내 삶은 비로 가득 찼어요
써니, 당신이 내게 웃어줬고 정말로 고통을 줄여줬죠
어두운 시절은 사라졌어요
밝은 날들이 여기 있어요
나의 써니, 빛나고 정말 진심 어린 사람
써니, 정말 진실한 사람, 당신을 사랑해요」

써니, 햇살 가득한 꽃바구니 감사해요
써니, 내 인생에 사랑을 가져다줘서 고마워요
당신은 나에게 당신의 전부를 줬어요
이제 난 거인이 된 것 같아요
써니, 정말 진실한 사람, 당신을 사랑해요

• My life was filled with rain  내 삶은 비로 가득 찼다('비'는 고통과 어두움을 뜻하는
  은유적 표현)

193

*Sunny, thank you for the truth you let me see*

*Sunny, thank you for the facts from A to Z*

*My life was torn like a wind-blown sand*

*And the rock was formed when you held my hand*

*Sunny one so true, I love you*

*Sunny*

*Sunny, thank you for the smile upon your face*

*Sunny, thank you for the gleam that shows its grace*

*You're my spark of nature's fire*

*You're my sweet complete desire*

*Sunny one so true, I love you*

✳ repeat

*I love you*

*I love you*

*I love you*

*I love you*

써니, 당신이 내게 보여준 진실에 고마워요
써니, 처음부터 끝까지 보여준 사실에 고마워요
내 인생은 바람에 날리는 모래같이 찢겼었는데
당신이 내 손을 잡았을 때 바위처럼 단단해졌어요
써니, 정말 진실한 사람, 당신을 사랑해요

써니!

써니, 당신 얼굴에 있는 미소가 고마워요
써니, 우아함을 보여주는 빛이 고마워요
당신은 자연적으로 타오르는 불꽃이에요
당신은 달콤하고 완전한 소망이에요
써니, 정말 진실한 사람, 당신을 사랑해요

* 반복

난 당신을 사랑해요
난 당신을 사랑해요
난 당신을 사랑해요
난 당신을 사랑해요

# Knockin' On Heaven's Door

Bob Dylan

*Mama, take this badge off of me*

*I can't use it anymore*

*It's gettin' dark, too dark to see*

*I feel I'm knockin' on Heaven's door*

*Knock, knock, knockin' on Heaven's door*

*Knock, knock, knockin' on Heaven's door*

*Knock, knock, knockin' on Heaven's door*

*Knock, knock, knockin' on Heaven's door*


*Mama, put my guns in the ground*

*I can't shoot them anymore*

*That long black cloud is comin' down*

*I feel I'm knockin' on Heaven's door*

*Knock, knock, knockin' on Heaven's door*

*Knock, knock, knockin' on Heaven's door*

*Knock, knock, knockin' on Heaven's door*

*Knock, knock, knockin' on Heaven's door*

엄마, 이 배지를 내게서 떼어주세요
나는 더 이상 사용할 수 없어요
점점 어두워지고 있고, 보기엔 너무 어두워요
내가 천국의 문을 두드리고 있는 것 같아요
똑, 똑, 천국의 문을 두드리고 있어요
똑, 똑, 천국의 문을 두드리고 있어요
똑, 똑, 천국의 문을 두드리고 있어요
똑, 똑, 천국의 문을 두드리고 있어요

엄마, 내 총들을 묻어주세요
나는 더 이상 쏠 수 없어요
길고 시커먼 구름이 몰려와요
내가 천국의 문을 두드리고 있는 것 같아요
똑, 똑, 천국의 문을 두드리고 있어요
똑, 똑, 천국의 문을 두드리고 있어요
똑, 똑, 천국의 문을 두드리고 있어요
똑, 똑, 천국의 문을 두드리고 있어요

Date _____ . _____ . _____ .

• I feel I'm knockin' on Heaven's door  내가 천국의 문을 두드리고 있는 것 같다
  (자신이 죽어가는 상황을 은유적으로 표현)

# A Little Peace   Nicole Flieg

Just like a flower when winter begins

Just like a candle blown out in the wind

Just like a bird that can no longer fly

I'm feeling that way sometimes

But then as I'm falling weighed down by the load

I picture a light at the end of the road

I'm closing my eyes

I can see through the dark

A dream that is in my heart

\*

『A little lovin'

A little givin'

To build a dream for the world we live in

A little patience and understanding

For all tomorrow

A little peace

A little sunshine

A sea of gladness

겨울이 시작할 때의 꽃처럼

바람에 꺼진 촛불처럼

더 이상 하늘을 날 수 없는 새처럼

나는 가끔 그렇게 느껴요

하지만 내가 짐에 눌려 쓰러질 때

난 길 끝에 있는 불빛을 그려봐요

눈을 감고 있어요

난 어둠 속에서 볼 수 있어요

내 마음속에 있는 꿈을

「작은 사랑

작은 베풂

우리가 사는 세상을 위한 꿈을 키우기 위해

작은 인내 그리고 이해

모든 내일을 위해

작은 평화

작은 빛

기쁨의 바다

*To wash away all the tears of sadness*
*A little hoping*
*A little praying*
*For our tomorrow*
*A little peace』*

*I feel I'm a leaf in the November snow*
*I fell to the ground there was no one below*
*So now I am helpless alone with my song*
*Just wishing the storm was gone*

✻ repeat

*We are feathers on the breeze*
*Sing with me my song of peace*
*We are feathers on the breeze*
*Sing with me my song of peace*

슬픔의 눈물을 씻어버리기 위해
작은 희망
작은 기도
우리의 내일을 위해
작은 평화』

난 11월 눈 속에 있는 나뭇잎 같아요
난 땅에 떨어졌고 아래엔 아무도 없어요
그래서 난 지금 내 노래와 함께 무기력하게 혼자 있어요
단지 폭풍이 사라지길 바라면서

* 반복

우리는 산들바람에 날리는 깃털이에요
나와 함께 평화의 노래를 불러봐요
우리는 산들바람에 날리는 깃털이에요
나와 함께 평화의 노래를 불러봐요

# Without You

Mariah Carey

No, I can't forget this evening
Or your face as you were leaving
But I guess that's just the way the story goes
You always smile but in your eyes, your sorrow shows
Yes, it shows

No, I can't forget tomorrow
When I think of all my sorrow
When I had you there, but then I let you go
And now, it's only fair that I should let you know
What you should know

I can't live if living is without you
I can't live, I can't give anymore
Can't live if living is without you
I can't give, I can't give anymore

아니요, 오늘 저녁은 잊을 수가 없어요
나를 떠날 때의 당신 얼굴도요
하지만 내 생각엔 이야기는 그렇게 흘러가나 봐요
당신은 항상 웃지만, 눈에선 슬픔이 보였어요
그래요, 보였어요

아니요, 난 내일을 잊을 수 없어요
내 모든 슬픔을 생각할 때
나도 당신과 거기에 있었지만 그때 당신을 놓아줬죠
그리고 지금은 내가 당신에게 알려줘야 하는 게 당연하다고 생각해요
당신이 알아야만 하는 걸

나는 살 수 없어요, 사는 것이 당신이 없는 거라면
나는 살 수 없어요, 더 이상 줄 수 없어요
나는 살 수 없어요, 사는 것이 당신이 없는 거라면
나는 줄 수 없어요, 더 이상 줄 수 없어요

Date _____ . _____ . _____ .

*Well, I can't forget this evening*

*Or your face as you were leaving*

*But I guess that's just the way the story goes*

*You always smile but in your eyes, your sorrow shows*

*Yes, it shows*

*I can't live if living is without you*

*I can't live, I can't give anymore*

*Can't live if living is without you*

*I can't live, I can't give anymore*

*No, no, no, no, I can't live (No, can't live)*

*If living is without you (No, I can't live)*

*I can't live, I can't give anymore*

*I can't live (No, I can't live)*

오늘 저녁은 잊을 수가 없어요
나를 떠날 때의 당신 얼굴도요
하지만 내 생각엔 이야기는 그렇게 흘러가나 봐요
당신은 항상 웃지만, 눈에선 슬픔이 보였어요
그래요, 보였어요

나는 살 수 없어요, 사는 것이 당신이 없는 거라면
나는 살 수 없어요, 더 이상 줄 수 없어요
나는 살 수 없어요, 사는 것이 당신이 없는 거라면
나는 살 수 없어요, 더 이상 줄 수 없어요

아니요, 난 살 수 없어요 (아니요, 살 수 없어요)
사는 것이 당신이 없는 거라면 (아니요, 살 수 없어요)
나는 살 수 없어요, 더 이상 줄 수 없어요
나는 살 수 없어요 (아니요, 난 살 수 없어요)

# What a Wonderful World

Louis Armstrong

*I see trees of green*

*Red roses, too*

*I see them bloom*

*For me and you*

*And I think to myself*

*What a wonderful world*

*I see skies of blue*

*And clouds of white*

*The bright blessed day*

*The dark sacred night*

*And I think to myself*

*What a wonderful world*

나는 초록 나무들을 봐요
빨간 장미들도요
나는 그것들이 피어나는 걸 봐요
나와 당신을 위해
그리고 난 마음속으로 생각해요
정말 아름다운 세상이라고

나는 파란 하늘을 봐요
하얀 구름도
밝게 빛나는 축복받은 낮도
어둡고 신성한 밤도
그리고 난 마음속으로 생각해요
정말 아름다운 세상이라고

Date _____ . _____ . _____ .

*The colors of the rainbow*
*So pretty in the sky*
*Are also on the faces*
*Of people going by*
*I see friends shaking hands*
*Saying, "How do you do?"*
*They're really saying*
*"I love you" ("I love you")*

*I hear babies cry*
*I watch them grow*
*They'll learn much more*
*Than I'll never know*
*And I think to myself*
*What a wonderful world*

*Yes, I think to myself*
*What a wonderful world*
*Oh, yeah*

무지개의 색깔들이
하늘에서 정말 예쁘네요
얼굴도 아주 예뻐요
지나가는 사람들의
나는 친구들이 악수하는 걸 봐요
"어떻게 지내?"라고 말하면서
그들은 사실 말하고 있는 거예요
"사랑해"라고 ("사랑해")

나는 아기들이 우는 걸 들어요
나는 그들이 자라는 걸 바라봐요
그들은 훨씬 더 많이 배울 거예요
내가 절대 알지 못하는 그 이상을
그리고 난 마음속으로 생각해요
정말 아름다운 세상이라고

그래요, 난 마음속으로 생각해요
정말 아름다운 세상이라고
오, 그래요

# Hey Jude

The Beatles

*Hey Jude, don't make it bad*
*Take a sad song and make it better*
*Remember to let her into your heart*
*Then you can start to make it better*

*Hey Jude, don't be afraid*
*You were made to go out and get her*
*The minute you let her under your skin*
*Then you begin to make it better*

*And anytime you feel the pain*
*Hey Jude, refrain*
*Don't carry the world upon your shoulder*
*For well you know that it's a fool*
*Who plays it cool*
*By making his world a little colder*
*Na, na, na, na, na, na, na, na, na*

헤이 주드, 너무 나쁘게 생각하지 마
슬픈 노래를 더 좋게 만들어봐
그녀를 너의 마음으로 받아들여야 한다는 걸 기억해
그러면 넌 더 좋아질 거야

헤이 주드, 두려워하지 마
너는 가서 그녀를 얻도록 만들어졌어
그녀를 너의 일부로 받아들이는 순간
너는 더 좋아지게 될 거야

그리고 고통이 느껴질 때 언제든
헤이 주드, 그만둬
이 세상의 모든 짐을 너 혼자 짊어지지 마
얼마나 바보 같은지 넌 잘 알잖아
괜찮은 척하는 것이
자기의 세상을 좀 더 혹독하게 만들어가면서
나, 나, 나, 나, 나, 나, 나, 나, 나

Date _____ . _____ . _____ .

*Hey Jude, don't let me down*

*You have found her, now go and get her*

*Remember to let her into your heart*

*Then you can start to make it better*


*So let it out and let it in*

*Hey Jude, begin*

*You're waiting for someone to perform with*

*And don't you know that it's just you?*

*Hey Jude, you'll do*

*The movement you need is on your shoulder*

*Na, na, na, na, na, na, na, na, na, yeah*


*Hey Jude, don't make it bad*

*Take a sad song*

*And make it better*

*Remember to let her under your skin*

*Then you begin to make it better*

*Better, better, better, better, better, oh*

*I'll make it through*


*Na, na, na, na, na, na, na~*

*Hey Jude ~*

헤이 주드, 날 실망하게 하지 마
그녀를 찾았으니 이제 가서 그녀를 잡아
그녀를 너의 마음으로 받아들여야 한다는 걸 기억해
그러면 넌 더 좋아질 거야

그러니까 내보내고 들여보내
헤이 주드, 시작해봐
너는 함께할 누군가를 기다리고 있구나
그 사람이 바로 너라는 걸 모르니?
헤이 주드, 너는 충분할 거야
네가 필요로 하는 때는 네 어깨에 달려 있어
나, 나, 나, 나, 나, 나, 나, 나, 나, 예

헤이 주드, 너무 나쁘게 생각하지 마
슬픈 노래를
더 좋게 만들어봐
그녀를 너의 일부로 받아들여야 한다는 걸 기억해
그러면 너는 더 좋아지기 시작할 거야
더 좋게, 좋게, 좋게, 좋게, 좋게, 오
난 해낼 거야

나, 나, 나, 나, 나, 나, 나 ~
헤이 주드 ~

• The movement you need is on your shoulder  네가 필요로 하는 때는 네 어깨에 달려 있어
(더 나아지고 싶은 마음은 너에게 달려 있다는 표현)

# We Are the Champions

Queen

I've paid my dues time after time

I've done my sentence, but committed no crime

And bad mistakes

I've made a few

I've had my share of sand kicked in my face

But I've come through (And I need to go on and on and on and on)

\*

『We are the champions, my friends

And we'll keep on fighting till the end

We are the champions

We are the champions

No time for losers

'Cause we are the champions of the world』

매번 난 내 대가를 치렀어요
아무런 범죄를 저지르지 않았지만, 난 내 형량을 마쳤어요
그리고 나쁜 실수를
몇 번 했지만요
난 얼굴에 모래를 맞아본 적이 있어요
하지만 난 그 어려움 모두를 견뎠고 (앞으로 계속 나아가야만 해요)

「우리는 챔피언이에요, 친구들이여
그리고 우리는 끝까지 싸워나갈 거예요
우리는 챔피언
우리는 챔피언
패배자를 위한 시간은 없어요
왜냐하면 우리는 이 세상의 챔피언이니까요」

Date _____ . _____ . _____ .

• I've had my share of sand kicked in my face  난 얼굴에 모래를 맞아본 적이
있다(치욕과 모욕, 괴롭힘을 당해봤다는 표현)

I've taken my bows and my curtain calls

You brought me fame and fortune and everything that goes with it

I thank you all

But it's been no bed of roses

No pleasure cruise

I consider it a challenge before the whole human race

And I ain't gonna lose (And I need to go on and on and on and on)

* repeat

We are the champions, my friends

And we'll keep on fighting till the end

We are the champions

We are the champions

No time for losers

'Cause we are the champions

계속된 환호를 받으면서 나는 인사를 해왔어요
여러분은 내게 명예와 행운 그리고 그것에 따르는 모든 것을 가져다줬죠
난 여러분 모두에게 감사해요
하지만 결코 편안한 생활만은 아니었어요
즐거운 항해도 아니었죠
하지만 난 그걸 모든 인류 앞에 놓인 하나의 도전이라고 생각해요
그리고 난 더 이상 패배하지 않을 거예요 (그리고 나는 계속 앞으로 나아가야만 해요)

* 반복

우리는 챔피언이에요, 친구들이여
그리고 우리는 끝까지 싸워나갈 거예요
우리는 챔피언
우리는 챔피언
패배자를 위한 시간은 없어요
왜냐하면 우리는 챔피언이니까요

My favorite pop song lyrics #

좋아하는 팝송 가사를 써보세요.

# 이 책에 실린 인생 팝송 40곡

## We Are the Champions 214p

| | |
|---|---|
| 발표 연도 | 1977년 |
| 가수 | Queen |
| 작사가 | Freddie Mercury |
| 작곡가 | Freddie Mercury |

## What a Wonderful World 206p

| | |
|---|---|
| 발표 연도 | 1967년 |
| 가수 | Louis Armstrong |
| 작사가 | Bob Thiele, George David Weiss |
| 작곡가 | Bob Thiele, George David Weiss |

## Without You 202p

| | |
|---|---|
| 발표 연도 | 1993년 |
| 가수 | Mariah Carey |
| 작사가 | Pete Ham, Tom Evans |
| 작곡가 | Pete Ham, Tom Evans |

## Yesterday 108p

| | |
|---|---|
| 발표 연도 | 1965년 |
| 가수 | The Beatles |
| 작사가 | John Lennon, Paul McCartney |
| 작곡가 | John Lennon, Paul McCartney |

*발표 연도는 곡이 수록된 앨범 발매일을 기준으로 했습니다.